中华 爱国 人物故事
ZHONGHUA AIGUO RENWU GUSHI

刚直不阿的清官海瑞

齐国臣 编著

吉林人民出版社

图书在版编目(CIP)数据

刚直不阿的清官海瑞 / 齐国臣编著. -- 长春：吉林人民出版社，2011.5
　　(中华爱国人物故事)
　　ISBN 978-7-206-07870-5

Ⅰ.①刚… Ⅱ.①齐… Ⅲ.①海瑞（1514～1587）-生平事迹 Ⅳ.①K827=48

中国版本图书馆CIP数据核字(2011)第075844号

刚直不阿的清官海瑞
GANGZHIBUE DE QINGGUAN HAIRUI

编　　著：齐国臣
责任编辑：王　斌　　　　　封面设计：七　洱
吉林人民出版社出版 发行(长春市人民大街7548号　邮政编码：130022)
印　　刷：鸿鹄(唐山)印务有限公司
开　　本：670mm×950mm　1/16
印　　张：8　　　　　　　　字　　数：70千字
标准书号：ISBN 978-7-206-07870-5
版　　次：2011年5月第1版　　印　　次：2023年6月第4次印刷
定　　价：35.00元

如发现印装质量问题，影响阅读，请与出版社联系调换。

总　序

胡维革

《中华爱国人物故事》是一套故事丛书。它汇集了我国历史上80位古圣先贤、民族英雄、志士仁人、革命领袖、先进模范人物的生动感人史迹，表现了作为中华民族优秀传统的伟大的爱国主义精神。

爱国主义是人们对于"生于斯、长于斯、衣食于斯"的祖国的一种神圣感情，是人们对于自己民族的一种强烈的责任感和使命感，是感召和激励整个中华民族的一面永不褪色的旗帜。在漫长的历史上，爱国主义一直激励着中华儿女为祖国的独立、统一、进步和繁荣而英勇奋斗。从伟大的思想家教育家孔子到统一全国的千古一帝秦始皇，从秉笔直书著《史记》的司马

◆ 中华爱国人物故事

迁到鞠躬尽瘁死而后已的诸葛亮,从伟大的浪漫主义诗人李白到精忠报国的民族英雄岳飞,从七下西洋传播友谊的郑和到抗击倭寇的民族英雄戚继光,从苟利国家生死以的林则徐到为变法流血的第一人谭嗣同,从威震敌胆的抗联将军杨靖宇到人民音乐家聂耳与冼星海,从踏遍青山人未老的李四光到万婴之母林巧稚,从县委书记的好榜样焦裕禄到情系雪域献身高原的孔繁森……都表现出了强烈的爱国主义精神。正是由于热爱祖国的人们前仆后继地奋斗,国家和民族才得以生存,历经一次次历史危急关头而能转危为安,走向兴盛和富强,从而屹立于世界民族之林。爱国主义是鼓舞中华儿女历经忧患、跨越沧桑、百折不挠、自强不息的伟大力量,它贯穿于中华民族的整个历史,并有力

总序

地凝聚着五洲四海的中国人。

爱国主义是一个历史的范畴,在社会发展的不同阶段、不同时期有着不同的具体内容。革命时期,需要我们为祖国的独立自主出生入死;建设时期,需要我们为祖国的繁荣富强增砖添瓦;在全国各族人民团结一心建设富强、民主、文明、和谐的社会主义现代化国家的今天,我们要争做一名新时期的爱国者。新时期的爱国者要有强烈的民族自尊心和自豪感。民族自尊心和自豪感是任何时期任何爱国者都必须具备的情感。民族自尊心能增强我们自立向上的恒心,民族自豪感能树立我们建设祖国的信心。要树立"祖国高于一切"的崇高信念,为了祖国和人民的利益不惜抛却个人的利益,甚至不惜牺牲个人的生命。要树立终身学习的理念,拓

◆ 中华爱国人物故事

宽自己的知识面,广泛吸收新知识新技术,完善自身的知识结构,更新学习知识的方法与理念,从思想上、知识上充分武装自己,为祖国的繁荣昌盛贡献力量。

爱国主义思想的继承和发扬,是关系到民族盛衰、国家兴亡的根本问题。一代代人爱国主义思想情操的形成,需要不断地培养。培养爱国主义的一个重要途径是向爱国主义的英雄人物和典范事迹学习。这套丛书的出版,对于人们向英雄和先进人物学习,特别是对于在中小学生中进行爱国主义教育,将可提供一些生动的教材。祝愿此书出版发行成功,为培养"四有"新人做出贡献。

于 2011 年 4 月 23 日

世界读书日

编 委 会

策 划：胡维革　吴铁光
　　　　　林　巍　李达豪
主　编：胡维革　邢万生
副主编：贾淑文　吴兰萍
编　委：（按姓氏笔画为序）
　　　　　于二辉　门雄甲
　　　　　刘士琳　刘文辉
　　　　　孙建军　李相梅
　　　　　李艳萍　杨九屹
　　　　　谷艳秋　陈亚南
　　　　　隋　军　韩志国

目 录
CONTENTS

◎ 012　母爱有方　少年得志

◎ 015　仕途坎坷　初露才华

◎ 017　初涉官场　治学有道

◎ 021　恪规守制　不畏权贵

◎ 027　升任知县　治理有方

◎ 032　断案如神　为民做主

◎ 039　公事公办　智斗权贵

◎ 042　足智多谋　力阻钦差

目 录
CONTENTS

严党倒台　升职京都　047

世宗迷信　冒死上疏　053

海瑞入狱　歇马谢恩　070

兴修水利　为民造福　074

公正无私　徐阶退佃　079

一心为民　公事公办　086

罢官归田　孤苦无依　117

再度出山　任上离世　123

母爱有方　少年得志

明代著名的清官海瑞于1514年出生于广东琼山（现在的海南省），那时的琼山荒凉而且闭塞，完全没有都市所拥有的繁荣热闹的景象，只是一两个散落的小村庄和十几户破落的草房。所以琼山对于当时的大明王朝来说是边鄙地区，是令很多文人墨客望而生畏、谈虎色变的穷乡僻壤，皇帝贵胄们则更是把那里看作流放犯人以示惩罚的好地方。

海瑞的童年是不幸的。父亲海翰在他四岁时因病去世，小海瑞和母亲谢氏两人相依为命。母子二人靠着几亩薄田和海母做些零活维持生计，日子过得很是清苦。海瑞的母亲是个善良而且刚毅的女子，在海瑞父亲去世后，年仅二十八岁的谢氏义无反顾地承担起掌管家庭的重任，她深知幼儿教育的重要性，把全部希望都放在海瑞身上，对孩子的教育没有丝毫的放松。在海瑞年幼时期，她就向海瑞口授经书，让他读《孝经》《大学》《尚书》《中庸》等圣贤书。海瑞是个聪明的孩子，他能很快理解书中的意思，在每读过一本书时就会流畅地跟母亲交流书中所讲的道理。在海瑞七岁的时候，他就已经读过了"四书五经"，他说：《大学》的道理在于要向世人表明自己纯洁的天赋智慧、能力和品德，并要以这个标准对待他人，使人人都没有不良习惯，从而成为全新的人。有了进步则更要继续坚持不懈，直到尽善尽美。而《中庸》重在强调处理事情要不偏不倚，要有无过无不及的态度，认为这是最高的道德标准。要按照多学多问多思，明辨是非，而后身体力行的过程和方法进行学习。海瑞从书中学习到很多中庸之道，从小就树立了儒家正确的道德观和价值观。

谢氏不光在教育上对海瑞管教甚严，在生活中也时时处处注意小海瑞的一言一行，稍有出格，必

《孝经》

大声呵斥,严厉教训。始终用自己强悍的意志主宰着海瑞的精神世界,她恪守"有戏谑,严词正色诲之"的原则,不让海瑞像其他孩子一样玩耍嬉戏,无情地剥夺了小海瑞本应快乐玩耍的童年时光,每当海瑞与其他孩子玩耍或者只是有了玩耍的念头时,都会遭到母亲严厉的批评加之义正词严的教诲。在谢氏这种近乎苛刻的教育模式的影响下,海瑞打小就不"戏谑",他的房间不像其他小孩子一样有随处可见的玩具,他的房间里是满满的书籍,这样的环境自然使海瑞成了一个勤于思考,好学上进的好孩子。能够在这样的条件下成才还体现了他骨子里就有的坚毅和不服输的精神。

良好的家庭教育与文化教育,使得他培养了刚直不阿的品行,同时这些也成就了他严于律己、严于律人的处世哲学。

海瑞像

刚直不阿的清官海瑞
GANGZHIBUE DE QINGGUAN HAIRUI

仕途坎坷　初露才华

　　在母亲严格的教诲下，海瑞奋发读书，年少有志，树立了明确的学习目标和崇高的志向。他博览群书，诵阅圣贤子集，对先哲文人所讲述的道理认识深刻。海瑞认为，读书的目的就是学以致用，要把儒家先贤们的理论付诸实际，就是要用这些来改变现实社会中所存在的各种弊端和恶习。所以他一直追求的目标就是把从经史子集中学到的东西运用于实践。他发誓日后如果做官，就要做一个不牟取私利，不谄媚权贵，刚直不阿的好官，好官就是要为巩固大明江山，改革弊政，改变社会不良习气而努力。因此他自号"刚峰"，取其做人要刚强正直，不畏邪恶的意思。

　　在明朝，做官的主要途径就是参加科举考试。明朝的科举考试在沿袭历代科举制度的基础上，更加规范化，分为乡试、会试、殿试三个等级。海瑞在三十五岁时参加乡试，以一篇《治黎策》中了举人。这样的成绩让谢

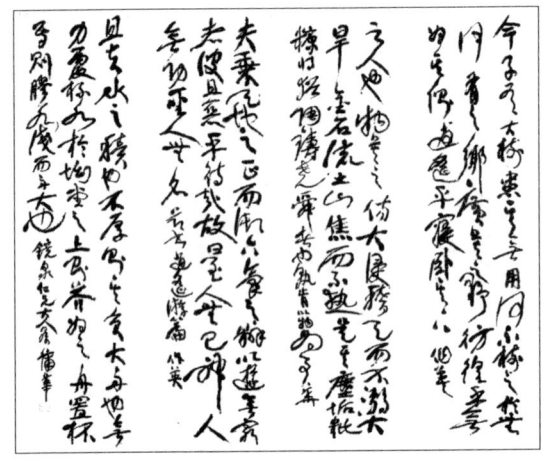

氏很欣慰,她督促海瑞继续努力,准备参加春季的会试。海瑞觉得刻板乏味的八股文无用并且枯燥,而且考试地点远在京城,但为了母亲的心愿,也为了自己一直追求的目标,并不打算继续考取功名的海瑞在嘉靖二十九年(1550年)毅然北上。

在会试中海瑞并未按规定的题目撰写文章,而是将自己乡试时作的《治黎策》根据海南黎民的现状加以修改,作成《平黎疏》。海瑞认为,为百姓谋利是自己应尽的责任,虽然自己还没有权力,但只要决心实践圣贤之道,就可以在任何场合找到为民服务的机会。他在《平黎疏》中提出了一系列的治黎政策,第一次显示出他理政的才能,也反映了海瑞关心时事的作风。但由于当时皇帝荒于朝政,权臣当道,凡是参加会试的举人都要行贿方能中得进士,海瑞落榜意料之中,他的文章也没能够得到重视。但《治黎策》与《平黎疏》两篇政论却反映了海瑞卓越的政治见识和忧国忧民的勤政精神。

初涉官场　治学有道

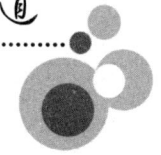

按照朝廷的科举条例规定，中了举人之后，便可以根据自己的意愿，由吏部分配到地方为官。海瑞被任命为福建南平教谕。嘉靖三十二年（1553年）海瑞来到福建南平县（今南平市），任郡庠教谕，他的仕途生涯由此开始。

海瑞到南平任教谕后，凡事都要以朝廷颁布的法典为准则，言谈举止必须符合封建礼教和道德的标准，从不马虎从事，严格律己，身体力行。为人也是堂堂正正，磊磊落落。

在海瑞到任前，南平县学比较混乱，要想到县学学习，需要行贿。教谕、训导们还要对缙绅富豪子弟在成绩上予以徇私照顾。海瑞任教谕后，罢黜陋习，整改学风学纪，广招学生。把收礼视为索取非分之财，对送礼者一概谢绝。他认为，一个人不管地位高下，都可以发

展才干,实现自己的抱负。何况担任教职的人,负有造就人才的责任,地位何等高尚,不能收受贿赂,自甘随波逐流。他这一议论,都是针对当时学府风气而发的。

海瑞上任后,首先向自己的学生们声明,他一直以孔孟言行为自己的人生哲学,所以对学校,从事教育培养人的工作,也要依照圣贤之道来培养生员。要求生员认真研读应该读完的各科学问,还要认真实践所学到的各条理论。他结合自己在郡学读书时的切身体验和对南平县学实际情况的了解,很快制订出《教约》,在《教约》中总共提出了16条规则,几乎对生员在郡庠期间的所有生活细节都做出具体规定。包括生员在修身、处事、待人、接物等方面的规定,告诫生员要博学、审问、慎思、明辨、笃行。海瑞要求学生之前,他首先要求自己严格遵守《教约》中的规定,言传身教,以身作则。海瑞始终把德育放在首位,在《教约》十六条中,涉及德

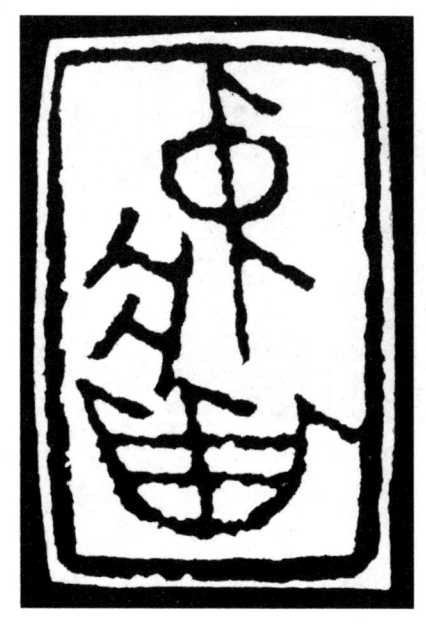

《中庸》

育的就有十二条之多。他认为诸生"集义以生浩然之气，为贤为圣，异日为国家建伟业无难矣"。海瑞教导生员要先从小事做起，要求生员对自身的不足要一一改正，要善于自重，言谈举止都要以礼教和道德为标准，"勿以恶小而为之"。他在县学中积极倡导道德和文章不可分割，"文也，所以写吾意也"，所作的文章要流露出自己的真实感情，在他看来，如果文章尽是照抄书本，拾人牙慧，就无异于陈词滥调。他在《教约》中说："……吾平日读书，明白立身行己，正大光明，吾之神也。作而为文，不过画师之写神耳。"所以凡是不是自己真实意思的文章，纵使文章写得再华美绝伦，也是没有用的。这是对

五经

当时八股文及墨卷的一种讽刺。他作《规士文》劝谕诸生要写好文章首先要做一个正直的人。在读书时，应该以修身、操守、品德为尚，要向古人学习。

海瑞办事认真，因材施教，制定了一套自己的教学方法，按照学生的学习程度不同将他们分成四个等级，把"四书"作为基础课，每人必读，成绩较好的加"五经"，又较好的增加《资治通鉴》，成绩最高的则研究性理之学。对学生平时品行的得失和学业成绩进行了严格的记录。同时，学校"岁终执此，历历稽验参酌"，对生员进行赏罚。海瑞认为这会对学生起一定的约束作用，对改变学风有一定的效果。

南平县学在海瑞的精心教育管理之下，学风端正，纪律井然，取得了良好的效果，培养出了一批人才。

刚直不阿的清官海瑞
GANGZHIBUE DE QINGGUAN HAIRUI

恪规守制　不畏权贵

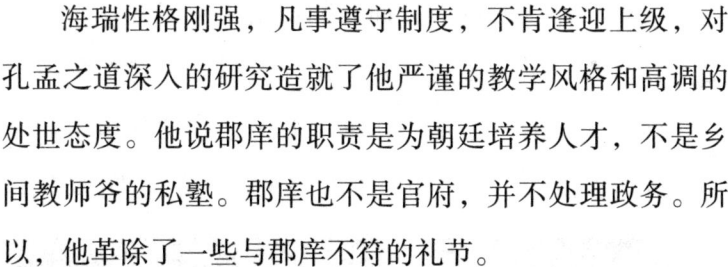

海瑞性格刚强，凡事遵守制度，不肯逢迎上级，对孔孟之道深入的研究造就了他严谨的教学风格和高调的处世态度。他说郡庠的职责是为朝廷培养人才，不是乡间教师爷的私塾。郡庠也不是官府，并不处理政务。所以，他革除了一些与郡庠不符的礼节。

有一天，福建省延平府的高级督学来南平视察教育，要在明伦堂接见师生。海瑞率两个训导出门迎接，两个训导看见督学一行，马上下跪，独海瑞直立长揖而已。当时，他与两个训导站在前列，他在中间，两训导分立两侧。这样一来，中间高，左右低，三个排在一起的形状，就像一个笔架。因此，海瑞得了一个"笔架博士"的雅号。他这种出格举止引起督学及诸大夫的不满，问他何以不下跪，他说，这个规矩是先圣立下的，后人太俗，破坏了圣贤的规矩。既然我们都知道这一点，为什么不带头恢复传统呢。这么一说，虽然督学觉得他不恭，却又拿他没有办法。

即使海瑞不跪只是按章办事，但那些讲排场的官员们觉得他不恭，处处找麻烦。海瑞想，我这样做是为了弘扬孔孟学说，恢复应有的道德行为，既然你们不能接受，那我就只有离开此地。于是，海瑞提出辞职。

延平知府是个明白人，他知道在明伦堂不跪接上官，是国家制度所定，便说："彼所执竟是，吾误也。"即表示，这不是海瑞的过失，而是我们错了。但海瑞心中总觉不快，所以仍有心离开。延平知府只好将情况反映给当时管理郡庠的福建学宪，福建省提学副使朱镇山知道此事后，钦佩海瑞的气节，便调他来福州正学书院修书。

明伦堂

过了几个月，朱镇山劝海瑞仍回南平，并对他说：我们读书是为国家出力，何必因为这样的小事生气？在朱镇山的热情劝导下，海瑞回到南平继续上任了。

海瑞重新到任后不久，接到通知说按院要来南平视察学宫，海瑞带领诸生员在大门迎候。海瑞仍旧不跪，按院早就对这个"笔架博士"有所耳闻，所以对他也是无可奈何。

海瑞像

时间一长，像这样的情况越来越多，了解他的人越来越多，钦佩他的人也就多了起来。因为海瑞的人品好，知识面广，而且与人交往从不耍滑弄奸，不少地方官员都愿意和他交朋友，政务中遇有难题，也喜欢与海瑞先行切磋一番，然后再做定夺。海瑞满腹经纶，一旦有机会，就会对时政大发议论。

一次，福建掌管地方治安的吴检事邀请海瑞，商谈解决困扰地方多年的驿传问题。明朝中叶，由于交通的

发达，地方政府的负担也日益沉重，原因是明朝的财政制度并没有差旅费开支这一项内容。结果，全国1 040个驿站，名义上是由兵部掌管，实际上一切费用，包括过境官员本人及其随行人员所需的食物、马匹和船轿、挑夫等相应费用，都要由地方财政承担。兵部只是发给出行官员一纸公文，地方政府就必须按相应级别标准保证供应。在明朝初期，这一矛盾并不突出，因为当时的政府机构还不庞大，官员出巡的次数也不多。到明朝中叶，政府机构急剧膨胀，繁文缛节搞得政务运行相当复杂，仅正常的公务往来就多得不得了，加上一些作风不正的官员借机盘剥，地方官员被搞得焦头烂额。海瑞对此当然一清二楚。既然有人问他，他就无所顾忌地提出自己的见解。他说，驿递问题被搞得喘不过气，其根源在于

海瑞像

海瑞故居建筑

近年的关文泛滥,文山会海。解决这个问题可以有三个办法,分为上、中、下三策。

上策为治本,即裁减一切不合理的规章制度,精兵简政,恢复本朝开国皇帝立下的五马三驴之法,从根本上减少迎来送往的机会。这五马三驴之法是指在每一驿站配五匹马,三头驴。有信使或官员路过驿站时,若要到较远地方去的,可以乘马,近途的则只配驴。明初,朱元璋实行严格的集权管理,因此政府机构比较精简干练,官员外出及公文传递也要少得多。朱元璋规定五马三驴法,其实也是为了限制各级官员滋长不良风气。海瑞认为,只有恢复祖宗之法才能从根本上解决问题。他

举例说，现在地方就如同一匹可以拉1 000斤的马，如果只让它拉1 000斤，那它可能走得十分轻松。但如果硬要让他驮上1 000斤东西，那这匹马可能连蹄子都抬不起来，立时就会被压垮。现在各县就如同能拉千斤的马，驿站的负担如果超过"千斤"，则各县的经济就可能被搞垮，那就很难再恢复起来。因此，必须想办法减轻各县的负担。当然，上策的执行可能会遇到许多困难，那就实行中策。中策是指按照过往官员的职级规定必要的接待标准，不执行公务的官员本县驿站概不接待，这是中策。实在做不到，亦可先出下策，即接待任何官员都不搞迎送程序，仅安排必要食宿。海瑞指出，按他的理想，应该全面恢复明朝初期的各项严格规定，提出的这几条对策，仅仅是为了当前解决实际问题。建议县令乃至巡抚择上策而行之。

海瑞墓石雕

升任知县　治理有方

　　海瑞任教谕四年，始终如一地坚持以礼为教，认真讲道论德，解释经义治事，作风实事求是，行为脱俗，实为难得。四年中，将郡庠治理得有条有理，业绩突出，受到肯定，这已经充分证明了他的能力。福建的学政十分欣赏海瑞，向上着力推荐了他。嘉靖三十七年（1558年），他被提升为浙江省严州府淳安县县令。

　　海瑞在淳安任内，制定兴革条例，在整顿社会治安、兴修水利、发展生产方面做了许多工作，政绩为时人所称许。

　　海瑞刚到任时，发现当时流亡在外的百姓竟有千人之多。海瑞从小和穷人在一起，知道农民不到过不下去时，绝不会外出逃荒。他深入百姓调查研究，发现地主和农民的土地占有很不合理。淳安县原本就山多地少，田里不长东西，山上只出茶、竹、杉、柏，少有别的树木，百姓十分困苦。而官吏富豪又占地众多，串通舞弊，玩弄各种花样逃税，农民少地或无地，却要负担虚报土地的税役，负担十分沉重。大地主有权有势，虽有土地几百亩，却无"分厘之税"，在视察中，他不断地为老百姓的赤贫所震惊。看到这种不合理现象后，经过调查，他立即决定，重新清丈土地，按实际土地征税、征役，他还采取分配荒田、借贷耕牛和种子、三年后起征税役等措施，从而减轻无地少地农民的负担，使更多外逃他乡的农民回到了淳安，为淳安县生产的恢复和发展创造了有利的条件。

海瑞故里

淳安徭役的情况也类似。人丁少的要出一两二钱银子，多的要十几两。富绅们往往有办法为自己找到减免的途径，穷苦农民却只能默默忍受。海瑞看穿了民不聊生的根本原因，指出这不单是地方官员的无能，其实是不法官员做官只知中饱私囊，根本不顾百姓死活。即使

海瑞画像

有一些尚存良心的官员，但是为了保住自己的官位或名分，也是不惜牺牲百姓的利益。百姓日子过得清苦，大家都说是朝廷税赋所致。其实，朝廷所定税赋有明确规定，该减免的不减免，该节省的不节省，这不是朝廷所为，这其实是地方官员的问题。海瑞采取有效措施，重新丈量各家土地，重新核定各家应该承担的徭役。

海瑞所采取的这一系列措施受到老百姓的热烈欢迎，淳安县经济很快复苏，生产蒸蒸日上，出现了安居乐业的好形势。

嘉靖四十一年十二月（1562年），海瑞从浙江淳安调

任江西兴国任知县。

借助在淳安时的从政经验，海瑞任兴国知县时工作热情不减，紧锣密鼓地裁减冗员，丈量土地，减轻老百姓的负担，工作做得井井有条。

首先是整顿屯田。明初时朝廷在兴国县给军队划拨了一部分土地，军队并没有耕种这些土地，而是全部出佃。军队还让佃农多开垦了许多土地，这侵占周边农民的田地，令周围的百姓敢怒不敢言。海瑞就将军队多开垦出来的荒地补给周围的农民，还免去他们应上缴给军队的军粮。这样，既减轻了百姓的负担，又使军队对管理自己的屯田更为精心。

然后是清理关卡。兴国的关卡本是为了抵御盗贼和土匪才设置的。但这些关卡在防御方面没起到什么作用，反倒成了一些地方官员捞取外快的手段。因此，海瑞取消了大部分关卡，调整了其余的关卡，并明确规定其职责，使之在关键时刻发挥应有的作用。

任兴国知县期间，他还均赋役，招抚逃民。在明初，由于兵乱、灾荒等，许多农民外出逃荒，他们本来应该承担的赋役就连年累计。兴国村民数量大幅度减少，可赋役仍坚持原定标准，这样，余下的村民负担就更重了，于是有更多的人流失，造成恶性循环。因此，海瑞下决心免去了逃民所欠的赋役，并且重新核定了各村的人口，丈量了各村的土地，确定了新的赋役标准，减轻了农民的负担。这一政策吸引了很多逃民回归，于是，土地又重新耕作，县里从中也得到不少收益。

　　他在最基层的政府机构中，学到了一般管理的知识，积累了必要的经验。同时，他向世人展示了自己的品格风貌。由于他的人品端正，刚直不阿，又一心为百姓办事，因此很受百姓欢迎。他离开淳安和兴国的时候，百姓自发组织起来欢送，几乎不得脱身，最后还是乘夜从小路脱身。百姓的支持，也坚定了海瑞的信心，使得他能够下决心批评皇帝，勇斗大官，威信也不断提高。

海瑞纪念馆　长廊上都是名人歌颂海瑞的书法雕刻

断案如神　为民做主

海瑞在就任淳安、兴国县令期间，另一项被人称颂的政绩，就是重视刑狱，曾亲手断了大批民事案件和刑事案件，平反了许多冤案，这些事件极鲜明地反映了海瑞的司法思想。由于海瑞断案如神，在严州府颇负青天之名。因此，后来周边的几个县遇到难断的案子，也常请海瑞一起审理。有时，干脆交给海瑞代为审理。

这是发生在桐庐县的一件案子，村民徐继的妹妹徐氏，嫁给戴五孙为妻，两家关系很好，戴五孙家境贫寒，生活上的花费又很大，他曾经在徐继的母亲那里借银三两，但很久没有归还，徐继多次催要，戴五孙无力偿还。有一天，徐继来看望妹妹，徐氏不在家，徐继和戴五孙两人在戴家吃饭，几杯热酒下肚，徐继又提索银之事。话不投机，两人发生口角，徐继一气之下将戴五孙杀害，并将石头捆在尸体上，沉入池塘。当天正巧赶上小吏潘天麒和他的仆人出公差,夜晚到戴家投宿。这案官司告到桐庐县衙,桐庐知县竟断:徐氏与潘天麒勾搭成奸,因奸情败露,杀死戴五孙。判徐氏凌迟,判潘天麒斩首。潘徐两人不服判决,屡屡上告。在案件到杭州复审后判潘天麒为斗殴杀人,定的是绞刑。被北京大理寺驳回,要求由桐庐县、建德县和遂安县三县会审,但仍然没能查出真凶。后来听说淳安县有个海瑞断案很有办法,巡按御史即把此案移送淳安县审理。海瑞接到案卷后,认真分析,核对物证。连夜逐一彻查案卷,把这起凶杀案的时间、地点、人物以及当事人案发时的行踪掌握得清清楚楚,事情终于水落石出,真相大白,认定徐继才是杀人真凶。海瑞禀报巡按御史,判徐继斩首之刑,还徐氏、潘天麒清白,也真正为戴五孙报仇雪恨。

另一件是发生在

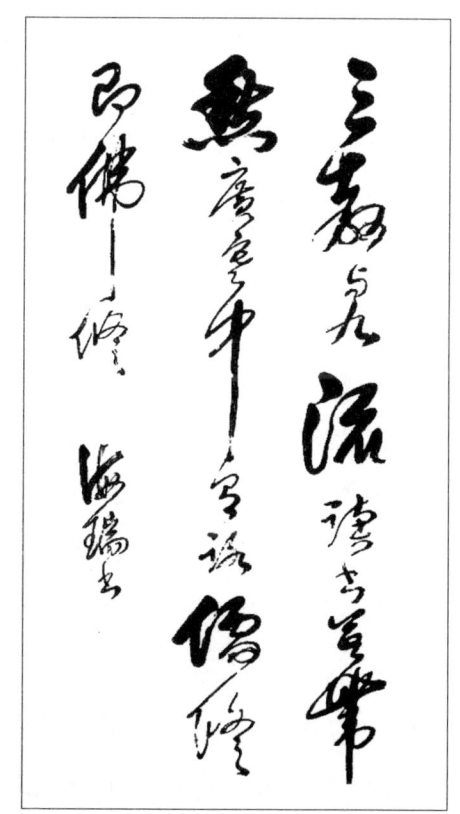

建德县的案子。农民吴吉祥在义父吴湘家中做工。一次外出,吴吉祥与打柴回来的同乡吴镧在山上相撞并发生口角,两人大打出手,吴吉祥抽出一根柴棍打吴镧,不慎失手,将吴镧打死。吴吉祥慌张地跑回义父吴湘家里,吴湘知道吴吉祥惹出人命案子后也很慌张。思量再三,把他带到官府。

这时吴镧的父亲吴云到官府告状,吴湘说吴吉祥是不慎将吴镧打死,吴云却说是吴湘指使。建德县的知县经过审理,认定打人致死是吴吉祥的个人行为,是两人口角和冲突中的意外事故。吴云却不同意这一判决,坚持己见,告状直接告到巡抚大人那里。巡抚批准了吴云的说法,将吴湘和吴吉祥都抓了起来,判吴湘斩首。吴湘不服,再次向上申辩。几经周折,都没能有个最终的判决。都察院将状纸转送寿昌县知县审理,其审理的结果与建德县的最初审理结论一致,认定是吴吉祥过失打人致死。鉴于几次审理的结果不一,此案又被批到淳安海瑞处审理。海瑞追究几次反复的原因,结果发现,原来有些人想乘这个人命案的机会打击报复,所以将事情搞乱。吴吉祥与乡里很有名望的一位老人关系不错。这位老人又与吴湘闹过别扭。如今吴吉祥闹出人命官司,吴湘又是他的义父,老人就想乘机整一下吴湘,所以他就说吴吉祥是受吴湘指使打的人。由于老人在乡里很有名望，即使这种说法无凭无据，但大家都随声附和，于是问题变得复杂了。海瑞审理后认定，是吴吉祥在打斗中失手，将吴镧打死，并判定吴湘无罪。这次审理结果得到众人的一致赞同。

海瑞判断是吴吉祥过失杀人的依据是：破绽之一：开始的时候，以老人为首的乡人都说是吴吉祥打死了吴镧。当吴湘出面带吴吉祥自首后，他们却一下子都改了口，说是吴湘指使吴吉祥故意打死吴镧的，前后说法不

不染池

一。破绽之二：吴吉祥身边没有亲人，如果吴湘想洗清和自己的关系就不应主动交出吴吉祥，这样的逻辑说不通。因为，官府肯定会认真查审，他无法保证真相不被查出。因此，如果心里有鬼，就不可能采取这样愚蠢的做法。破绽之三：吴云的证词，他在证词中多次提到吴吉祥是给吴湘打工的，他认为吴吉祥身份卑贱，没有社会地位。他这样的人杀了他儿子不足以抵命。只好再拖出他的义父吴湘出来垫底。海瑞经过对这几个方面的反复研究，对照分析，最终认定吴吉祥过失杀人的事实，

海瑞故居正门

做出由吴吉祥一人偿命的判决。而这次判决，再没有人不服了。

在断案的过程中，海瑞没有引用更多的证词证据，而是根据情理逻辑进行推断。其结果能够使众人信服，海瑞受过传统文化的严格训练，因此在判案时能够很快理清头绪，抓住关键，做出结论。说明中国传统文化的底蕴与社会运行是一致的。在情理上分析得通，在实践中的行为也的确如是。这样的规律，对于社会运行的控制是相当有利的。

海瑞任淳安知县时，还破了一件杜撰的人命案。案情是这样的，胡胜荣、胡胜祖兄弟二人与村民邵时重是邻居，两家一直为争夺山地而争执不下，都说该山地为自家所有。多年争夺都没有结果，后来胡胜荣因病去世。其弟胡胜祖到官府告状，说哥哥胡胜荣是被邵时重杀害致死的。为了掩人耳目，胡胜祖找来帮手一同往胡胜荣的尸体上涂抹朱砂。首先接受该案的不是海瑞，前一任淳安知县看看尸体和诉状便判定邵时重死罪，邵时重不服向巡抚申辩。

时值海瑞接任淳安知县。他亲自审理此案，经过一番盘问之后，决定开棺验尸。见头上血迹是均匀的红色，一般挨打后形成的血迹，不仅皮肤表面有暗红色的血迹，应该是每一伤痕的四围呈青紫，或是带有一点黑色。海瑞已经发现尸体被动了手脚，他提出解剖尸体。这时胡胜祖心中有鬼，不敢再继续验尸，并承认哥哥是患病身亡，由此还了邵时重清白。

像这样的疑难案件，在海瑞任知县时还有很多记录，这些都说明海瑞办案认真。人命关天的案件，绝不疏忽断定，不愧为百姓心中的"海青天"。

淳安百姓为纪念他勤政清政的业绩而立『去思碑』

公事公办　智斗权贵

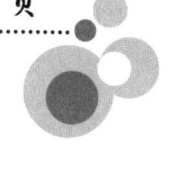

由于淳安县是往来三省的枢纽，交通发达，因此来往官员非常多，本县百姓的负担也就随之加重。因为按照明朝立国时所订立的财政制度，政府中的预算并无旅费一项，全国1 040个驿站，名义上由兵部掌管，实际上过境官员本人及其随从所需的食物、马匹和船轿、挑夫等所需的一切费用，全部由该地方负责。兵部只发给旅行人员驿站所在之处，驿站就要按照规定提供各项费用。

当时，胡宗宪是统管江浙七省的总督，权力极大，已经算是东南第一号人物了。其实说来很滑稽，以海瑞的官衔和背景，想见胡总督一面都很难。但胡宗宪的儿子偏要来招惹这个"油盐不进"的海青天。这天，胡公子派人通知说自己要到淳安，县衙上下都手忙脚乱，准备迎接这位胡大爷，但海瑞却只是说了一句："胡宗宪的儿子，又不是胡宗宪，管他干什么？"所以要求驿站的人员按照打发一般客人的标准招待胡公子。结果在吃饭时，桌上都是很平常的饭菜。胡宗宪的儿子平时养尊处优惯了，看到驿吏送上来的饭后大发脾气，当场命令家丁，把驿吏打了四十大板，并五花大绑后吊在树上。海瑞听说后，命令差役将胡公子一行带到衙门。胡公子生气地问海瑞："你知道我是谁吗？"海瑞义正词严地指斥道："不管你是谁，都不准在我管辖的地方胡作非为！"胡公子见海瑞这样回答，以为他并不知道自己是谁，于是得意地说："我是钦差大臣浙闽总督胡宗宪胡大人的公子，你们不要有眼不识泰山，小心掉脑袋！"海瑞听完胡公子的话，镇静地说："胡总督是个清廉的大臣。他曾三令五申，要求各地官员奉公守法，招待过往官吏时，不得铺张浪费。你是从哪来的花花公子，排场阔绰，态度骄横，竟敢冒充胡大人的公子，到本县来招摇撞骗。"说完，命左右重责四十大板，并没收了胡公子带的几千两银子。事后，海瑞给胡

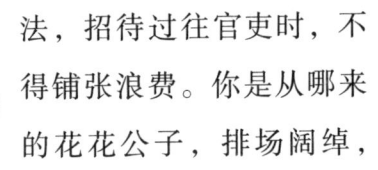

胡宗宪像

胡宗宪尚书府

宗宪写了一封信："胡总督大人见信：大人曾经巡视地方，命令各州县一定要节俭，有官员路过不许迎送，不许铺张浪费。前日一个年轻官员来淳安，因为没有受到高质量的接待而大发脾气，强取豪夺，还殴打差役。此人自称姓胡，冒充是胡大人的公子。我认为胡大人为官清正，治家有方，胡公子必不是这样的纨绔恶少。所以我已将他的财产没收，充入国库。现在我将他送到大人手中，请大人亲自发落。海瑞拜上。"

胡宗宪收到信后，明白海瑞的用意，并未怪罪海瑞，还怒斥胡公子失了自己的面子。

足智多谋　力阻钦差

明朝嘉靖年间,社会风气腐败。达官贵人经州过县,除了酒肉招待之外,还要送上厚礼。

嘉靖三十九年(1560年),左副都御史鄢懋卿被任命清理盐法,南北各省的食盐征收专卖都归他节制,以期增加政府收入,加强抗击倭寇的财力。钦差大臣鄢懋卿来到江浙一带,巡查沿途各地区的盐务,督办催交盐税一事。

对鄢懋卿来说,这是一件肥美的差事。因为他以钦差大臣的身份南来,名义上是查办江浙盐务,实际上是专门来搜刮民脂民膏的。话说"巡查巡查,白银大把;督办督办,黄金上万"。这位钦差大臣,在京掌握着各级官员升降的建议权,在外又有直接处置一切违法行为的决定权。所以,地方官员对他莫不毕恭毕敬。所到之处,各地官吏皆巴结逢迎,贿赂送礼。

鄢懋卿一行到达严州以后，严州知府马上大张旗鼓地迎接钦差。并派人告知海瑞，钦差在三日内将到达淳安，要他做好迎接的准备。海瑞对这个大奸臣早有耳闻，听说鄢懋卿带着他的家眷、家丁、奴仆二十多人从京都启程，船队行到扬州时，搜刮来的金银财宝把三十几条大船已经装得满满的了。除了这些，还有官吏们上贡的一些名贵的木石花鸟。鄢懋卿在京城也听说过淳安知县敢打总督的儿子，人称海刚峰，在京城官员眼里，海瑞着实是个不知天高地厚的"海疯子"。鄢懋卿心里思量着，到了淳安一定要给他点颜色看看。于是，先写了一纸公文派自己的亲信送到县衙，公文内容大概是：此次出巡，为彻查江南盐务。以百姓为重，素性俭朴，不嘉奉迎。凡饮食供帐，俱宜俭朴为尚，毋得过于华侈，靡

海瑞故乡

海瑞精神 永垂青史

费里甲……

海瑞看过公文，计上心头。遂给鄢懋卿写了一封请示，首先全文引用了鄢懋卿公文的内容，然后说："卑职按照大人的意思，规定各地迎送从简。但最近听到各地的传闻，说大人所到之处供应非常奢华。甚至听说大人每到一个地方都要置办宴席。淳安穷困简陋，财力物力都有限，如果按传闻办事，不仅劳民伤财，本县无法承担，百姓也难以答应，而且这样做我们也恐怕违背了大人一切从简的规定。如果按大人的规定办事，又怕那些传闻是真的，怠慢了大人。如此，我们左右为难，请大人明示。"鄢懋卿看到这个请示，心想这海瑞果然厉害。犹豫再三后批复海瑞，说是应该照章办事。海瑞明白如果自己真的简单安排，鄢懋卿一定心有不甘，所以他准备阻止鄢懋卿进入淳安……

三天后，海瑞带领县衙的官员，出城数十里，在桥头迎候鄢懋卿。迎面浩浩荡荡来了三十几条船，鄢懋卿看到岸上海瑞带领这么多人在迎接自己，乐了，心想你海瑞也没传言的那么不明事理嘛。

"淳安知县海瑞率属官在此拜见钦差大人。"船一靠岸，海瑞带领文武官员全体下跪迎接钦差。鄢懋卿看了一眼跪在脚下的人，示意他们起来说话。海瑞站起身，又说："大人此次出巡，以民间疾苦为重，通令各地供应务必简单，不得扰民，大人真是爱民如子啊！"鄢懋卿得意地回应："本官乃朝廷命官，自当爱民如子，这些不算什么。""可是卑职听说大人出京以来，所过州县，收贿万千，山珍海味，无奇不有。如此耗费，我淳安小城恐怕满足不了大人。"说着，海瑞用手指向吃水很深的船队，义正辞严地问道："大人的三十多船货物，就是沿途收受贿赂得来的吧。如若不是，敢让卑职搜船验证吗？"

鄢懋卿这才明白，海瑞出郊数十里，不是迎接，而是

海瑞墓

阻挡我进城。"放肆！我乃朝廷钦差，手握尚方宝剑，尔等如此无理，难道不怕死吗？"鄢懋卿恼羞成怒。"尚方宝剑固然锋利，却也难斩无罪之人。海瑞只怕大人的车马船队有扰百姓安宁，故此挡驾！"海瑞据理相争。

鄢懋卿算领教了这个传说中的海刚峰的厉害，他便无心再与这油盐不进的疯子纠缠，心想再继续下去说不定还会让自己更丢面子，所以命令船队立即开船，离开这个是非之地。这位钦差大人非常后悔当初来淳安，在海瑞这里碰了一鼻子灰。

见船队渐渐驶离淳安港，百姓无不拍手称快。

海瑞墓

严党倒台　升职京都

鄢懋卿回到京城后，一直对海瑞让他失了面子一事耿耿于怀，总想找机会对海瑞进行打击报复，终于革去了他淳安知县一职。然而，能够罢免海瑞的并不是鄢懋卿，而是鄢懋卿一直仰仗的严嵩。

严嵩（1480-1567），字惟中，号介溪，明朝袁州府分宜县人。明孝宗弘治十一年（1498年）乡试中举，弘治十八年（1505年）中进士。严嵩年轻的时候就很有文采，在家乡是个小有名气的才子，其填词作赋的作品在当地可说是广为流传的。中了进士后，先后做了几年官，后来由于身体和家庭的一些小情况，回家休息了十年，这期间读了不少书，为他以后升迁成为当朝首辅做了很好的铺垫。

严嵩的人品很差，溜须拍马，一味讨好领导，一路升迁。官至礼部右侍郎时，可以与皇帝直接接触了，就

会费心尽力地去揣摩皇帝的心思，更是会投其所好，百倍邀宠。严嵩极尽吹牛拍马的能力，传说，一次皇帝下旨，命他去祭告先皇陵墓。为了博得皇帝的开心，他回来就编了个故事，说是在去祭奠的路上，天还在下雨，可祭奠刚刚开始，天气突然晴朗起来，群鹳飞舞，这是天意神明。这故事把崇尚迷信的皇帝听得非常高兴，马上下令，给严嵩的官职连升两级。凭借自己溜须拍马的本领加上多年读书的积累，他一步一步爬到了首辅的位置。

当朝皇帝迷信神灵。非常重视斋醮，斋醮是道教一种祭天的仪式。做斋醮必须要用青词，所谓青词，就是

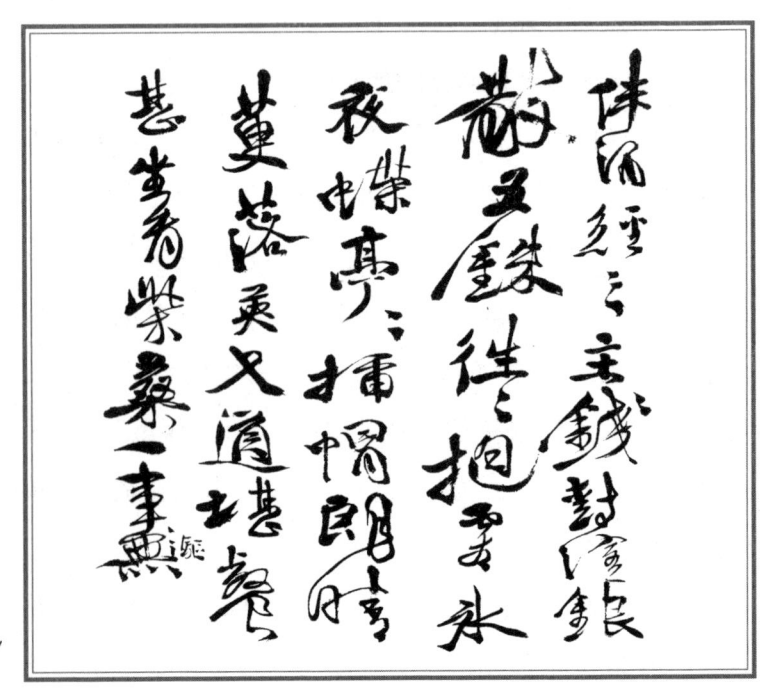

严嵩书法

海瑞墓

嘉靖向玉皇大帝祈祷时的祷词，他固执地认为玉皇大帝眷顾与否和青词的精彩程度大有关联。严嵩明白皇帝重视青词，就花费很大的精力去研究。后来，皇帝要求众臣为他拟稿，严嵩所拟的青词文稿果然被皇帝选中。以后斋醮，皇帝只用严嵩的文稿。他由此得了个"青词宰相"的外号。到嘉靖中后期的首辅，差不多都是因青词而担任如此要职。所以后人用"青词首辅"来讽刺那些不靠正常途径升官的人。

严嵩当政其间，得到儿子严世蕃很大辅助。严世蕃长相丑陋，却天性聪颖，比严嵩更加有才，能一眼就看

出皇帝的意思，更厉害的是他能凭借诏书上的只言片语揣摩圣意，判断出他的喜好，严嵩每次按他儿子的意思上疏，总会得到皇帝的赞赏。

严嵩当了首辅之后，他不为国家办事，不为人民谋利，而是变本加厉地结党营私，贪污受贿，盘剥百姓。为了巩固自己的地位，还极力培植死党，安插亲信到各个重要部门掌权。严嵩一时间权倾朝野，严党遍布朝廷各个角落，之前提到的胡宗宪、鄢懋卿等都是严嵩的党羽。

严家父子权倾天下，狼狈为奸，引起满朝文武的不满，他们纷纷上疏，揭露严嵩父子的罪行。但皇帝昏庸，认为上疏是嫉妒严家二人，所以并不理会。而严嵩正是利用皇帝护短的毛病，搬弄是非，借以陷害企图弹劾他的官员。其中沈炼、杨继盛、吴时中等人就是因为弹劾严嵩不成反被害的。

嘉靖四十年（1561年），世宗皇帝居住的永寿宫忽然起了大火。熊熊大火烧了三天，把永寿宫烧个一干二净。皇帝暂时搬到了多年不用的玉熙殿，那里条件很差，整个宫殿又狭窄又潮湿，令他很不满意。皇帝一刻也不想多在玉熙殿停留，便诏严嵩和徐阶入宫询问怎么办。严嵩早已把皇帝的心事猜出个八九不离十。他反复思量，细心揣测，觉得建议皇帝暂住在乾清宫会是不错的选择。

虽然皇帝仍忌讳壬寅宫变，但毕竟已经过去很久，他认为凭借自己在皇上面前的话语权和自己表现出来的忠心，皇上会采纳自己的意见。壬寅宫变是发生在嘉靖年间的宫女刺杀事件，当时嘉靖皇帝为求长生不老药，他拜方士陶仲文为师，听信方士谗言，认为未曾经历人事的宫女的月经可保长生不老，嘉靖帝命宫女们采集甘露兑服参汁以期延年，致使上百名宫女病倒。被征召的宫女都不堪苦痛，忍无可忍。所以宫女们意图杀死皇帝，但最终没能得手，但皇帝由于受到惊吓，一直昏迷，经太医精心治疗，第二天才恢复过来。

乾清宫

皇上听完严嵩的建议，大发雷霆，在他看来，乾清宫是个不祥之地。嘉靖这一反应大大出乎严嵩的意料。这就给了徐阶一个表现的机会。徐阶猜想，皇帝想着的应该是要尽快修复永寿宫，于是他给皇上的提议是，利用正在修缮的三大殿工程的"余料"和人力修复永寿宫，百日之内当可完成。徐阶的提议让嘉靖感觉正中下怀，龙颜大悦，下令马上动工。三个月后，永寿宫如期修复，皇帝将其改名万寿宫，随即徐阶官至少师，与严嵩平起平坐了。

徐阶得势后，借助其他文武官员的力量，严嵩不断遭受排挤，再加上儿子严世蕃入狱，严嵩逐渐失宠，直至最后严嵩被罢免。

严党倒台，鄢懋卿一党被罢免以后，海瑞才又重新上任，担任兴国县令。两年后，嘉靖四十三年（1564年），经朱镇山等人多次推荐，朝廷将海瑞调到京城，出任户部云南司主事。

严嵩

世宗迷信　冒死上疏

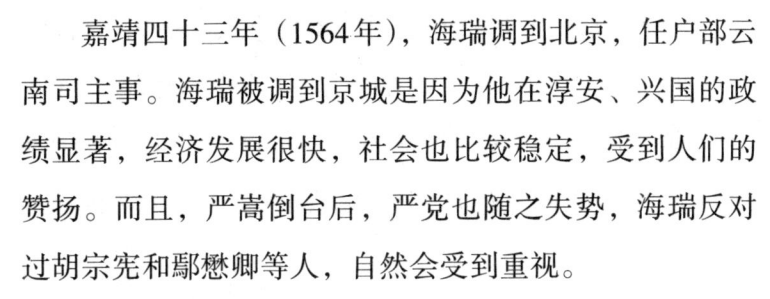

嘉靖四十三年（1564年），海瑞调到北京，任户部云南司主事。海瑞被调到京城是因为他在淳安、兴国的政绩显著，经济发展很快，社会也比较稳定，受到人们的赞扬。而且，严嵩倒台后，严党也随之失势，海瑞反对过胡宗宪和鄢懋卿等人，自然会受到重视。

明世宗朱厚熜，自嘉靖二十年（1541年）以来就不理朝政，他拜方士陶仲文为师，求长生不老之术，他派人到处采集灵芝，并经常吞服道士们炼制的丹药。壬寅宫变后，嘉靖认为大难不死是神灵庇佑。他说，要不是我每天烧香，哪会逃出死亡的魔掌！于是他专门到进行斋醮仪式的朝天宫里烧了七天香。此后，他干脆移居西苑，集中全部精力修行炼道，不再上朝理政。

陶仲文（1475—1560），原名典真。年轻时曾做县官手下的小吏，喜好神仙方术。嘉靖中期出差到京城，发

现京城繁荣昌盛，不愿再回到家乡。住在道士邵元节家里，两人关系很好。嘉靖帝从小就尊道教、敬鬼神，邵元节的道术很高，在京城小有名气，所以他有机会进宫见到皇帝。于是，邵元节也推荐陶仲文进入宫中，陶仲文入朝后，说宫中有妖孽，故弄玄虚，施道作法除了妖孽，得到了世宗的信任。赐予"神霄保国宣教高士"之号，随即又封为"神霄保国弘烈宣教振法通真忠孝秉一真人"。一次，皇太子出水痘，皇帝命陶仲文求神保佑。耍了一套画符祷告的把戏之后，凑巧皇太子的病情好转，于是世宗便认为陶仲文的仙术非常灵验。嘉靖十九年（1540），皇帝生病了，卧床不起，太医开了很多方子都没法治愈，陶仲文就为皇上"施法医病"，不久便精神抖

千古青天海瑞

嘉靖皇帝

撅，于是升陶仲文为礼部尚书。嘉靖二十三年（1544），明王朝成功打击外敌，世宗认为是陶仲文祈祷的原因，所以又将他加授少师，并兼少傅、少保之职。嘉靖二十九年（1550），当年大旱，庄稼颗粒无收，百姓怨声载道，陶仲文搭台祈雨，三天后果真下起大雨，世宗说他祷雨有功，加封"恭诚伯"。陶仲文因方术得宠，加官晋爵，一生无忧，是嘉靖帝不理朝政、昏庸迷信的有力凭证。

满朝文武官员发现最近几年以来，全国各地都大规模的修建庙宇道观，耗费大量的钱财物资和人力，花费

的银两几乎占总银两的一半。大臣们对世宗迷信方术、不理朝政感到非常痛心，但都是敢怒不敢言。当时海瑞作为朝廷六品官员，本无太多机会与皇帝直接接触，但他所追求的理想，是革除一切不合理的事物。与不正之风斗争时，他从不顾及对方是谁。海瑞准备上疏，把明王朝的腐败现象痛痛快快地揭露出来，批斗皇帝的不理朝政。

海瑞在京做官时有个得力的下属叫何以尚，他曾经听说过海瑞任知县时的事迹，对他很是钦佩，两人成为朋友。听说海瑞准备上疏批判皇帝的昏庸迷信，担心海瑞遭杀头之灾，所以极力劝阻。他说杨继盛因上疏弹劾严嵩乱党都被皇上斩首了，你这样上疏一定会激怒皇上，后果不堪设想。海瑞说，杨继盛大人乃真君子，天下人以他敢于上疏、不怕死的壮举学习了很多东西。他说的"生前未了事，留与后人补"就是要叫我们来补

一补。何以尚不再说什么了。

　　杨继盛，嘉靖二十六年（1547年）进士。为人生性耿直，刚正不阿。在朝廷任官时，因看不惯严家父子权倾天下，狼狈为奸，以《请诛贼臣疏》弹劾严嵩，历数严嵩罪行。世宗看完杨继盛上疏，听信严嵩谗言，龙颜大怒，将其打入天牢。杨继盛临刑前在狱中有诗："浩气还太虚，丹心照万古。生前未了事，留与后人补！"严嵩倒台后，杨继盛才被追加谥号忠愍，后人又建杨公祠纪念他。

　　跟何以尚谈完之后，重新考虑到现在的形势，海瑞思量再三，他认为现在迫在眉睫的是唤醒昏庸的嘉靖皇帝，拯救大明的江山社稷。于是，他拜访大臣，收集材料，写成《直言天下第一事疏》。在奏疏中，他在把朱厚熜和历代贤君进行一一对比之后，尖锐地指出，由于皇帝不理国政，贤愚不分，奖罚不明，造成"天下吏贪将弱，民不聊生，水旱靡时，盗贼滋炽"的严重局面，而皇帝却一点也没有觉察到。海瑞指出：现在赋役比平时增加许多，加上皇帝迷信道教，到处营造宫殿，百姓被弄得十分贫困。全国百姓都在骂皇帝，说"嘉靖者，言家家皆净无钱用也"。海瑞在疏中对皇帝是非曲直不明，也提出尖锐批评："目今朝廷官员，以皇上求得天桃天药，相率进香，相率表贺，并在全国大兴土木，营造宫

杨公祠

殿，工部极力经营，取香进宝，户部也派人四处寻找天桃天药。陛下误举，诸臣误顺，几乎没有一人敢对您说真话的。许多大臣大都迎您所好，而阿谀奉承，昧着良心，来歌颂陛下，这样下去还了得啊！"对于朱厚熜求长生不老，海瑞指出，陛下的错误太多了，但最大的错误在于修醮，求长生不老。你想想，尧、舜、禹、汤、文、武都是古代圣贤，也未能久世不终。自汉、唐以来也没有见到一个方士能活到现在。您所尊崇的陶仲文，是教您长生之术的，然而，陶仲文不也死了吗，陶仲文既然不能长生，陛下到哪里去寻求长生不老呢？海瑞对皇帝进行了激烈的批评之后，也提出不少具体建议，希望朱厚熜能潜心管理朝政，做到"敦本行以端士习，止上纳以清仕途；久任吏将，以责成功，练选军士，以免招募"。

海瑞在《直言天下第一事疏》中洋洋洒洒写了三千多字，极力批判嘉靖的不良之举，内容如下：

户部云南清吏司主事臣海瑞谨奏：

为直言天下第一事以正君道、明臣职，求万世治安事。

臣闻君者，天下臣民万物之主也。惟其为天下臣民万物之主，责任至重，凡民生利瘼一有所不闻，将一有所不得知而行，其任为不称。是故养君之道，宜无不备，而以其责寄臣工，使尽言焉。臣工尽言而君道斯称矣。昔之务为容悦、谀顺曲从，致使实祸蔽塞，主不上闻焉，无足言矣。过为计者，则又曰："君子危明主、忧治世。"夫世则治矣，以不治忧之；主则明矣，以不明危之。毋乃使之反求眩瞀，失趋舍矣乎？非通论也。

臣受国恩厚矣，请执有犯无隐之义。美曰美，不一毫虚美；过曰过，不一毫讳过。不容悦，不过计，披肝胆为陛下言之。汉贾谊陈政事于文帝曰："进言者皆曰天下已安已治矣，臣独以为未也。曰安且治者，非愚则谀。"夫文帝，汉贤君也，贾谊非苛责备也。文帝性仁类柔，慈恕恭俭，虽有近民之美；优游退逊，尚多怠废之政。不究其弊所不免，概以安且治当之，愚也；不究其才所不能，概以致安治颂之，谀也。陛下自视于汉文帝何如？陛下天质英断，睿识绝人，可为尧、舜，可为禹、汤、文、武，下之如汉宣帝之励精，光武之大度，唐太宗之英武无敌，宪宗之专志平僭乱，宋仁宗之仁恕，举一节可取者，陛下优为之。即位初年，铲除积弊，焕然与天下更始。举其略，如箴敬一以养心，定冠履以辨分，除圣贤土木之像，夺宦官内外之权，元世祖毁不与祀，祀孔子推及所生，天下忻忻然以大有作为仰之。识者谓辅相得人，太平指日可期也。非虚语也，高汉文帝远甚。然文帝能充其仁顺之性，节用爱人，吕祖谦称其能尽人之才力，诚是也。一时天下虽未可尽以治安予之，而贯朽粟陈，民少康阜，三代下称贤君焉。陛下则锐精未久，妄念牵之而去矣，反刚明而错用之，谓遥兴可得而一意修玄。富有四海，不曰民之膏脂在是也，而侈兴土木。二十余年不视朝，纲纪弛矣；数行推广事例，名爵滥矣。二王不相见，人以为薄于父子；以猜疑诽谤戮辱臣下，人以为薄于君臣，乐西苑而不返宫，人以为薄于夫妇。天下吏贪将弱，民不聊生，水旱靡时，盗贼滋炽，自陛下登极初年，亦有之而未甚也。今赋役增常，万方则效，陛下破产礼佛日甚，室如悬磬，十余年来极矣。

天下因即陛下改元之号，而臆之曰："嘉靖者，言家家皆净而无财用也。"迩者严嵩罢黜，世蕃极刑，差快人意，一时称清时焉。然严嵩罢相之后，犹之严嵩未相之先而已，非大清明世界也，不及汉文远甚。天下之人不直陛下久矣！内外臣工之所知也。知之不可谓愚，诗云："衮职有阙，惟仲山甫补之。"今日所赖以弼棐匡救，格非而归之正，诸臣责也，岂以圣人而绝无过举哉？古昔设官，亮采惠畴足矣，不必责之以谏。保氏掌谏王恶，不必设也。木绳金砺，圣贤不必言之也。今乃建醮修斋，相率进香，天桃天药，相率表贺。建宫筑室，工部极力经营；取香觅宝，户部差求四出。陛下误举，诸臣误顺，无一人为陛下一正言焉。都俞吁咈之风，陈善闭邪之义，邈无闻矣，谀之甚也。然愧心馁气，退有后言，以从陛

海瑞纪念馆　直言天下第一事疏

中华爱国人物故事
ZHONGHUA AIGUO RENWU GUSHI

海瑞故里八方亭

下；昧没本心，以歌颂陛下；欺君之罪何如！

夫天下者，陛下之家也，人未有不顾其家者。内外臣工，其官守，其言责，皆所以奠陛下之家而磐石之也。一意玄修，是陛下心之惑也；过于苛断，是陛下情之偏也。而谓陛下不顾其家，人情乎？诸臣顾身念重，得一官多以欺败、脏败、不事事败，有不足以当陛下之心者。其不然者，君心臣心偶不相值也，遂谓陛下为贱薄臣工。诸臣正心之学微，所言或不免己私，或失详审，诚如胡寅挠乱政事之说，有不足以当陛下之心者。其不然者，君意臣言偶不相值也。遂谓陛下为是己拒谏。执陛下一二事不当之形迹，臆陛下千百事之尽然，陷陛下误终不复，诸臣欺君之罪大矣。《记》曰："上人疑则百姓惑，下难知则君长劳。"今日之谓也。

　　为身家心与惧心合，臣职不明，臣一二事形迹说既为诸臣解之矣。求长生心与惑心合，有辞于臣，君道不正，臣请再为陛下开之。陛下之误多矣，大端在修醮，修醮所以求长生也。自古圣贤止说修身立命，止说顺受其正，盖天地赋予于人而为性命者，此尽之矣。尧、舜、禹、汤、文、武之君，圣之盛也，未能久世不终。下之亦未见方外士汉、唐、宋存至今日。使陛下得以访其术者，陶仲文，陛下以师呼之，仲文则既死矣。仲文不能长生，而陛下独何求之？至谓天赐仙桃药丸，怪妄尤甚。昔伏羲氏王天下，龙马出河，因则其文以画八卦；禹治

海瑞祠外景

水时，神龟负文而列于背，因而第之以成九畴。河图洛书，实有此瑞物。泄此万古不传之秘，天不爱道而显之圣人，藉圣人以开示天下，犹之日月星辰之布列而历数成焉，非虚妄事也。宋真宗获天书于乾佑山，孙奭进曰："天何言哉！岂有书也？"桃必采而得，药必工捣合而成者也。无因而至，桃、药有足行耶？天赐之者，有手执而付之耶？陛下玄修多年矣，一无所得。至今日左右奸人，逆揣陛下悬思妄念，区区桃、药导之长生，理之所无，而玄修之无益可知矣。

陛下又将谓悬刑赏以督率臣下，分埋有人，天下无可不治，而玄修无害矣乎？夫人幼而学，无致君泽民异事之学；壮而行，亦无致君泽民殊用之心。太甲曰："有言逆于汝心，必求诸道；有言逊于汝志，必求诸非道。"言顺者之未必为道也。即近事观，严嵩有一不顺陛下者乎？昔为贪窃，今为逆本。梁材守官守道，陛下以为逆者也。历任有声，官户部者，至今首称之。虽近日严嵩抄没，百官有惕心焉。无用于积贿求迁，稍自洗涤。然严嵩罢相之后，犹严嵩未相之先而已。诸臣为严嵩之顺，不为梁材之执。今甚者贪求，未甚者挨日。见称于人者，亦廊庙山林，交战热中，鹘突依违，苟举故事。洁己格物，任天下重，使社稷灵长终必赖之者，未见其人焉。得非有所牵掣其心，未能纯然精白使然乎？陛下欲诸臣

海瑞庙

海公碑

惟予行而莫逆也，而责之效忠，付之以翼为明听也，又欲其顺吾玄修土木之误，是股肱耳目，不为腹心卫也，而自为视听持行之用。有臣如仪衍焉，可以成得志与民由之之业，无是理也。

陛下诚知玄修无益，臣之改行，民之效尤，天下之不安不治由之，幡然悔悟，日视正朝，与宰辅、九卿、侍从、言官讲求天下利害，洗数十年君道之误，置其身于尧、舜、禹、汤、文、武之上；使其臣亦得洗数十年阿君之耻，置身与皋陶、伊、傅相后先，明良喜起，都俞吁咈。内之宦官宫妾，外之光禄寺厨役、锦衣卫恩荫、诸衙门带俸，举凡无事而官多矣。上之内仓内库，下之户工部光禄寺诸厂藏段绢、粮料、珠宝、器用、木材诸物，多而积于无用，用之非所宜用亦多矣，诸臣必有为陛下言者。诸臣言之，陛下行之，此则在陛下一节省间而已。京师之一金，田野之百金也。一节省而国有余用，民有盖藏，不知其几也，而陛下何不为之？

官有职掌，先年职守之正、职守之全，而未之行；今日职守之废、职守之苟且因循、不认真、不尽法，而自以为是。敦本行而端士习，止上纳以清仕途，久任吏将以责成功，练选军士以免召募，驱缁黄游食使归四民，责府州县兼举富教，使成礼俗。复屯盐本色以裕边储，均田赋丁差以苏困敝，举天下官之侵渔、将之怯懦、吏之为奸，刑之无少姑息焉。必世之仁，博厚高明悠远之业，诸臣必有为陛下言者。诸臣言之，陛下行之，此则在陛下一振作间而已。一振作而百废俱举，百弊铲绝，唐虞三代之治，粲然复兴矣。而陛下何不为之？

海瑞书法

节省之，振作之，又非有所劳于陛下也。九卿总其纲，百职分其绪，抚按科道纠率肃清于其间，陛下持大纲、稽治要而责成焉。劳于求贤，逸于任用，如天运于上而四时六气各得其序，恭已无为之道也。天地万物为一体，固有之性也。民物熙浃，薰为太和，而陛下性分中有真乐矣。可以赞天地之化育，则可以与天地参。道与天通，命由我立，而陛下性分中有真寿矣。此理之所有，可旋至而立有效者也。若夫服食不终之药，遥兴轻举，理所无者也。理之所无而切切然散爵禄、竦精神，玄修求之，悬思凿想，系风捕影，终其身如斯而已矣。求之其可得乎！

君道不下在，臣职不明，此天下第一事也。于此不言，更复何言。大臣持禄而外为谀，小臣畏罪而面为顺，

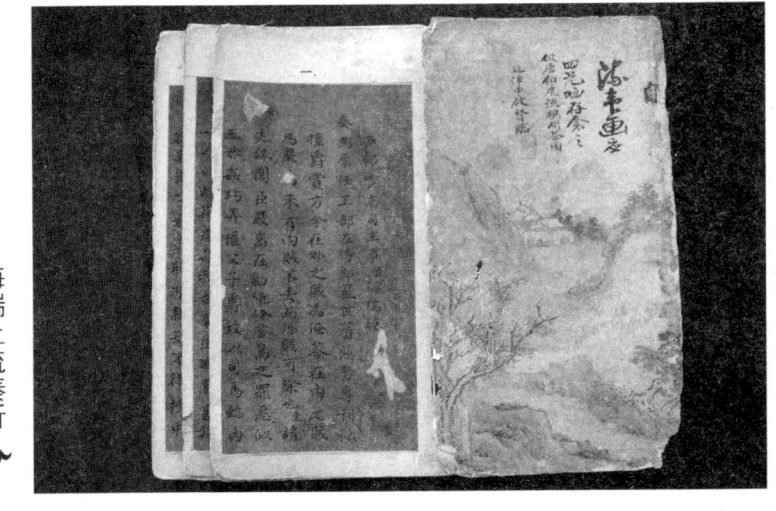

海瑞上疏奏折

海瑞纪念馆 长廊上是海瑞生平图文介绍

陛下诚有不得知而改之行之者，臣每恨焉。是以昧死竭悃悃为陛下一言之。一反情易向之间，而天下之治与不治，民物之安与不安，于焉决焉。伏惟陛下留神，宗社幸甚，天下幸甚。臣不胜战栗恐惧之至，为此具本亲赍，谨具奏闻。

　　海瑞知道自己此举定会凶多吉少，所以上疏后吩咐家人买一口寿材，放在中堂，遣散家仆，还将仅有的二十两银子送去给他的同乡好友王宏诲，拜托办理后事，又给母亲谢氏写了一封信。然后自己坐等皇上来拿人。

海瑞入狱　歇马谢恩

读了海瑞的《治安疏》，嘉靖大发雷霆，下令立即将海瑞抓来问斩。太监黄锦见皇上如此生气，急忙凑上前说："皇上息怒，听说这海瑞知道自己此次上疏难逃一死，他在上疏前就买好了棺材，把随从和家人都遣散了，现在正在朝房待罪呢。"嘉靖听了有些惊讶，气也消了不少，于是再次看了一遍海瑞的奏折。海瑞用词虽然激烈，但在奏疏中，却处处体现了他对皇帝的一片忠心和对朝廷的高度责任感。海瑞说，要使天下各业重新兴旺发达起来，关键在于"陛下一振作间而已"。海瑞对未来充满了信心，"一振作而百废具举，百弊铲绝，唐虞三代之治，粲然复兴矣。而陛下何不为之"。这些话，让世宗觉得还是很有些道理的。既然如此，先关进监狱，日后再做定夺。次日，海瑞就被锦衣卫关进诏狱。何以尚上疏帮海瑞求情，皇上盛怒之下，把他也关了起来。皇帝不得不承认海瑞说得都对，所以在这种情况下，即使可以判海瑞死刑，他却始终没有命令执行。

大臣们见皇上只是将海瑞关起来，而迟迟未动手，了解到嘉靖可能有所悔悟，于是纷纷上疏帮海瑞求情。徐阶认为海瑞是个难得的清官，于是在嘉靖面前再三说情。刑部尚书黄光升对海瑞的帮助很大，他曾多次上疏，把海瑞的直言上疏比作儿子骂父，完全是出于对江山社稷的考虑。在大家的极力维护下，海瑞虽没能出狱，但保住了性命。

由于嘉靖皇帝迷信邪术，终日寻丹问药，身体每况愈下，不久便驾崩了。嘉靖皇帝死去后，徐阶扶持太子

海瑞故居

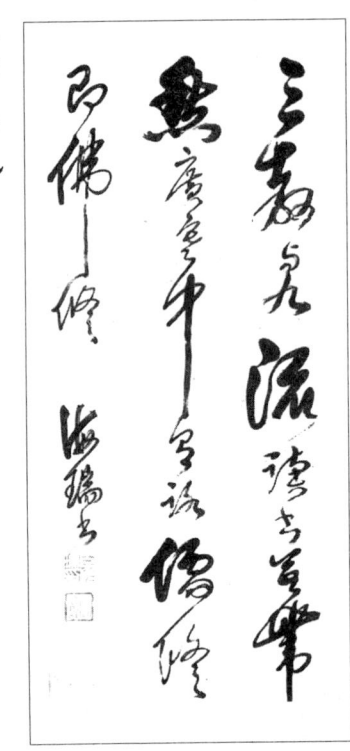

海瑞书法

登基，宣布大赦天下。并起草了一份遗诏，一是承认了皇帝听信了坏人的奸言，生病的时候也沉溺于求长生之术，因此使不少臣民受到委屈。二是说明过去许多大臣积极帮助皇帝做好事情，但受到不公待遇，这次全部重新起用。海瑞因此得以重新起用。

海瑞和何以尚获释之前，狱吏为他们准备了一桌丰盛的酒席，表示对二位大人的敬意。海瑞此时不知道嘉靖已经死了，以为依照狱中惯例，让他和何以尚吃好之后上刑场。当狱吏告诉他皇帝已死时，海瑞痛哭流涕，把吃掉的东西都吐了出来。海瑞的忠心果真天地可表。海瑞被释放出狱后，官复原职，不久改任兵部，提拔为尚宝丞，调任大理寺。经过这次备棺上疏，海瑞九死一生。他敢骂皇帝，敢斗恶势力，自己又非常清廉，这使海瑞的名声大振。

黄光升（1506-1586），泉州人，明朝时任刑部尚书，是倡导教育兴国尊师重教的政治家、军事家、法学家、水利学家和历史学家。隆庆元年，已升任南京右佥都御史的海瑞为了表达自己对黄光升的谢意，专程骑马到泉州府城南十里许潘湖，拜谢恩人黄光升。

当海瑞骑马路过潘湖临漳田都元帅庙前时，身下的骏马仰天长嘶，突然下跪，海瑞对马的异常反应感到疑惑，下马一看才恍然大悟，原来这马通人性，到达恩人故里跪拜谢恩。于是海瑞到村民家中借了文房四宝，挥毫书匾"歇马庙"三字以示尊敬，乡人则以"歇马庙"三字作为庙额，置于大门上方，以纪念海瑞对潘湖八世祖黄光升的报恩之情。

海瑞故居　歇马雕塑

兴修水利 为民造福

隆庆三年（1569年），海瑞奉朝廷之命，来到江南，担任江南巡抚一职。

江南因有淞江、太湖入海，沿江的许多土地都可以得到灌溉。雨季，经常大雨成灾，洪水泛滥。河汊渠道溢满为患，周围的良田大都被淹没了。百姓的日子过得苦不堪言。海瑞到江南上任的路上，由于洪水冲垮了驿站和道路，水旱两路都非常难走。海瑞和随从走走停停，水陆兼程，走了很多天，来到离苏州不远的关帝庙。这里洪水未退，海瑞乘坐的小船根本走不了。随从连忙找当地官府联系，给海瑞找来一顶便轿。海瑞坐上轿子，这才继续赶路。傍晚时分，海瑞一行才来到苏州城里。

由于遇上水灾，当地粮价迅速上涨，官府虽然采取措施大量放赈，但政府掌握的粮食有限，无法彻底解决灾民的吃饭问题。看到这样的状况，海瑞决定开通淞江，为民造福。海瑞向朝廷写了《开吴淞江疏》，说明"修复水利，是为了帮助处于困难之中的饥民。太湖之水从三条水道入海，其中，娄江、东江都是小河流，惟有淞江是最重要的入海通道。但是，一段时间以来，主管水利的官员没有很好尽职，抚按亦未将兴修水利提到重要议事日程，终于导致淞江的淤塞，一遇大的降水，必洪水四溢，为害甚重。因此，为国计民生，应该立即疏通淞江"。他的奏疏得到批准后，疏通淞江的工程就轰轰烈烈地展开了。

为了解决工程费用，他统一调度多路钱粮，包括过

隆庆皇帝

去衙门留存的部分水利专项经费和各种罚没款,太仆寺少卿捐出2万石粮食,加上朝廷批准动用的钱粮。由于受灾,当地的灾民众多,海瑞采取以工代赈的办法,工程所用民工几乎全是灾民。海瑞把所有财力都集中在手中,通过以工代赈的形式发给民工。只要出工,就可以领到一天的粮食和银两。因此,与过去派工不同,这次主动要求上工地的民工源源不断。修河的民工,从四面八方来到工地。几百里的工地上,到处都是推车子、挑担子的灾民。年老的,年轻的,甚至还有十几岁的少年,也都参加了修河的队伍。

疏浚苏州河这件事,使沿河两岸的灾民都非常高兴。一来可以解决水灾带来的生活困难,二来治河可以防止以后河水泛滥成灾。真是救灾治灾,一举两得的好办法。海瑞自己则"乘轻舟往来江上,亲督畚锸,身不辞劳"。工程进展很快,不到两个月,就完成了。一条宽15丈的淞江展现在人们面前,彻底解除了水患。不仅河流被疏通,费用还特别节省。预计耗费白银76 100两,实际只耗银68 397两,节省了十分之一的费用。这一工程有13万灾民参加,也就是说,有13万灾民得到了赈济,既解决了灾民的生活问题,对于社会的稳定这又起到了明显作用。从此,苏州河上,碧波荡漾,两岸新开的良田,庄稼和蔬菜长得都格外喜人。

淞江工程完成后，海瑞继续巡视各方，发现太湖入海的另一条通道白茆河也是一条害河。白茆河在常熟县以北，由于多年淤积，早已不能顺利泄洪。隆庆三年遇大水，灾民无数。虽然修护淞江的工程已经有灾民参加了，而且领到了口粮和生活费，但人数有限，这些参加淞江工程的不过灾民总数的"十之二三"。因此，海瑞再写《开白茆河疏》："禹贡称，'三江既入，震泽底定'。今三吴入海之道，南止吴淞江，北止白茆河，刘家河居其中，三

《奉别帖》

为目前海瑞流传于世的惟一可信墨迹，殊为珍贵。该帖内容为海瑞写给友人的一信。

处而已。刘家河原通达无滞，若只开吴而不开挑白茆，诚为缺事，难免水患。"海瑞指出，到二月中旬，青黄不接，大批饥民无所生计，到时发放赈济在所必然。不如乘势一并疏通白茆河。"若是兴工之中，兼行赈济，一举两利，当开白茆。"这一奏疏又得到批准，于是，二月开始施工，三月底便完工。

一条原来宽仅四丈的小河，被拓宽为七丈宽的中等河流，顺便还将沿岸的河堰堤坝都整修完毕。至此，太湖周边地区的水患被彻底解除，大批灾民也顺利地渡过了难关。此次兴修水利所用的经费都是海瑞另外筹措来的，没有增加老百姓的负担。海瑞办成了深得民心，流芳百世的大好事。

海瑞祠一景

公正无私　徐阶匿佃

在海瑞的仕途生涯中，宰相徐阶是他永世难忘的一位恩人。备棺上疏前，在京城户部任主事时，海瑞生性憨直，常有言语冲撞朝中权贵，经常惹来不少麻烦，海瑞几次遇险，多亏徐阶的帮助。由于备棺给嘉靖皇帝上疏，海瑞获罪入狱。营救和开脱海瑞的事，自然是徐阶和黄光升他们一手操办的，这样海瑞才得以逃脱杀身之祸。嘉靖皇帝刚去世，徐阶立即凭借皇帝遗诏的名义大赦海瑞出狱，不久又把海瑞提升为南京右通政。当初徐阶和朝廷重臣高拱争权夺利，受徐阶关照的海瑞自然站在徐阶一边，上书弹劾高拱。因此，海瑞得罪了高拱，而和徐阶则走得更近了。加上后来在朝廷中经历的几件事，徐阶愈发觉得海瑞做事敢说敢为，敢做敢当，实乃大明社稷难得的忠臣清官。

高拱（1513-1578），明嘉靖、隆庆时大臣。字肃卿，号中玄。汉族，河南新郑人，嘉靖时进士。嘉靖四十五年（1566年）由徐阶推荐，成为文渊阁大学士，从此入阁参政。嘉靖皇帝久居西苑，大臣都以能被召进直庐为荣，对于入阁参政很是怠慢。见此情景，嘉靖下令，要求至少要有一人于阁中参政。此时，首辅徐阶及"青词宰相"袁炜为不去阁中办公，以不能离开皇帝须臾为由以搪塞圣命。高拱却一眼看穿，直言不讳，从此二人心生芥蒂。在以后的政事往来中，二人更是你争我夺，互不相让。

就在海瑞官运亨通之时，老相国徐阶却因与高拱的党争仕途失意，辞职回家。

土地实际上是封建社会根本矛盾的尖锐反映。明

海瑞故里

朱元璋

初，朱元璋皇帝为了满足皇亲国戚和官宦的需要，规定皇室成员可以拥有自己的庄田，这些庄田被人们称作皇庄，一般坐落在其封地以内。官宦也可以拥有庄田，一般在自己的家乡。庄田最初多是通过赏赐和购买等途径得到的。由于庄田可以享受免赋役的优待，因此成为许多官宦竞相谋求的肥礼。一些富裕农民为了避免税赋，也将自己的田地转给官宦，他们则租田而作。由于农田的获益颇丰，不少官宦们不满足于已有的一点庄田，伺机掠夺四周农民的土地。一时间，兼并土地形成一股热潮。不仅

皇室贵胄，地方的官僚地主也积极地兼并土地。根据有关资料分析，从明朝之初到海瑞所处的明朝中期，庄田至少增加了20倍。

为了缓和贫富悬殊的矛盾，海瑞坚决地与豪绅富户进行斗争。他起草下发布告，要求所有官宦和豪绅退出近年多占的土地。海瑞办事厉害已经名气在外，所以布告一下，不少人很快就把土地退了出来。

辞官回乡后的徐阶，因任宰相多年，为两朝元老，人都称为"徐阁老"。他以自己为皇室成员的名义，大量兼并土地。

为了维护农民的利益，海瑞进一步惩罚恶霸，归还被强夺的土地。但对自己有恩的徐阶在当地占有的土地最多，徐阶怕一点不退也不行，于是就象征性地退了一些。然后写了一封信给海瑞，说自己为支持海瑞的工作，主动退出了不少土地，海瑞给徐阶回信说："我到淞江多

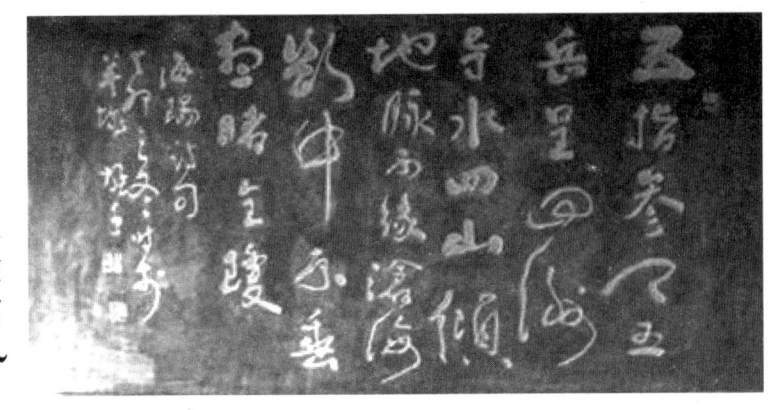

海瑞题词

青天海瑞

日，不断领教大人对我的支持和教益，充分证明我们之间的友谊深厚，再一次表示衷心的感谢。近查阅了退田登记册，知道大人已经退出了不少土地，由此更体会到大人的品德高尚。但大人所退的田还不够多，相信会进一步清退。"海瑞对徐阶说，大人退出一半土地还不至于陷入生活困难。话说得很客气，但要求依然明确，一半土地，是起码数量。徐阶没有办法，不得不进一步退出了许多土地。其他地主们见此情景，赶忙将多占的田依数退还。

海瑞审理公案时还发现，不少案卷是控告徐家的，

徐阶撰写的碑文

尤其是徐阶的弟弟徐陟更是欺压百姓，为非作歹。海瑞不免吃惊。念及徐阶对自己有救命之恩，于是准备先到徐府走一遭，再做定夺。见到徐阶后，他首先给徐阶讲了冯谖市义的故事。战国时，冯谖是齐国孟尝君门下的一位食客。孟尝君派遣他去薛地收债，他把债券烧掉就回来了。孟尝君问他，他说把钱买了"义"回来。后来齐王把孟尝君赶到薛地去，薛地的老百姓因为孟尝君不收大家的欠债，非常感激，争相迎接。齐王知道了孟尝君深得民心，又把孟尝君请回齐国。

徐阶理解海瑞给他讲这个典故的意思，便问海瑞如何解决。海瑞于是提出两条计策：其一，将徐家为非作歹的子侄家人全部捆绑送官，可得从宽发落；其二，训诫家中诸人，今后不得侵夺民田，欺压良民，违者从严惩处。

徐阶退田问题解决后，海瑞又下令将徐阶的弟弟徐陟逮捕法办。此事一办，大快人心，震撼了官僚显贵的阵营。一时间，退田还地，成了南直隶一带的主要内容，大批农民得到了失去已久的土地，纷纷返乡种地，生产力得到迅速恢复和发展。

　　徐阶退职家居以后，海瑞强迫他退田，并且逮捕了他的弟弟徐陟，一方面显示了海瑞执法不阿，另一方面也多少可以减缓百姓的不满，体现了爱人以德的君子之风。这种兼顾公谊私情的做法大大地增加了海瑞的威信。

海瑞墓一景

一心为民　公事公办

　　海瑞的正直本性为百姓所敬仰，名气逐渐变大。从朝廷到地方，所有人都知道海瑞是个刚直不阿的青天大老爷，所以凡是海瑞任职的地方，都会收到很多百姓的诉状。状纸虽多，但海瑞都会仔细审理，把百姓的诉状当成了解民情的重要途径，坚持办案。

　　海瑞开门办案，表示随时接待群众来访。每到一个地方都发下告示，他在告示中说明，只要有状告官吏贪污、受到冤枉、不服过去判决或确有民间疾苦的，都可以随时找他告状。

　　海瑞从小通读四书五经，对儒家思想认识深刻，就连断案也深深地受到儒家"礼"的制约和影响，他处理过的许多案子，除了其中的一部分是事实清楚、证据确凿而判决的，其余大部分却是是非难辨、证据模糊的。当遇到这样的案件，海瑞往往用到的办法是根据儒家思想的:"凡讼可疑者,与其屈兄,宁屈其弟;与其屈叔伯,宁屈其侄;与其屈贫民,宁屈富民;与其屈愚直,宁屈刁顽。事在争产业,与其屈小民,宁屈乡宦,以救弊也。"完善的儒学思想体系让海瑞在处理疑难案件时,始终掌握两条原则,一是君臣长幼有序,二是照顾小民的利益。在处理涉及家庭成员矛盾时,他强调长幼,宁屈其弟、其侄,但在处理官民、贫富间的矛盾时,他旗帜鲜明地站在了贫苦农民的一边。正因为这样,海瑞得到更多的是百姓的拥护。

海瑞根据自己在淳安和兴国任知县时的经验,到任巡抚后,即颁布了《督抚条约》。《督抚条约》中对过往官员的迎送礼节有详细的说明。再大的官,路过本地,

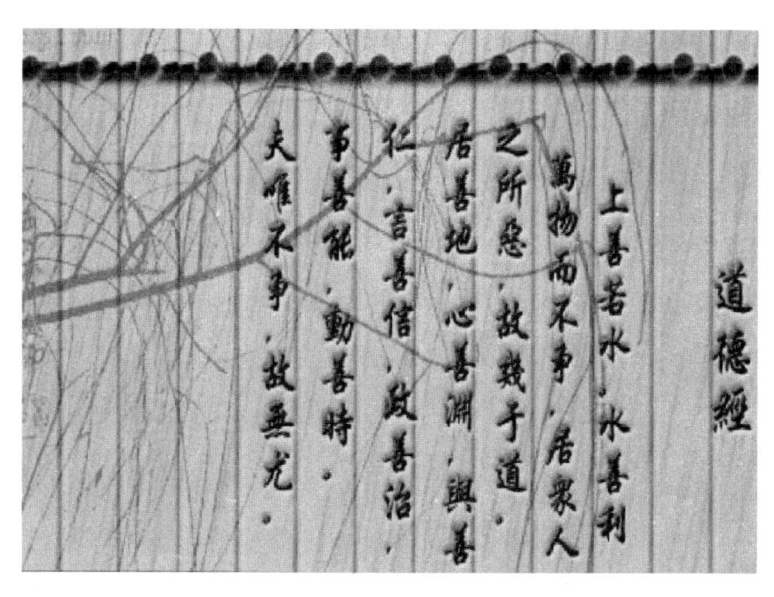

道德经——老子

海瑞墓一景

县官也不许出迎，只让驿官表示一下礼节。即："官吏不许出城迎送。若城镇过大，本官骤至，一时不及知者，随城内近便街道迎送俱是，不出城。如果本官经过府县城镇，不管是否经过长途跋涉，均只在城边就近处迎接，然后引本官入城。如不入城，府县不许出见。抚按不见，过客可知。驿递官只于驿递衙门前伺接，不许远出，接过客亦然。"因为海瑞在担任淳安、兴国知县时，对这一套繁文缛节有着深刻的了解，他对这套形式主义的礼节深恶痛绝。所以决心在自己的管辖范围内杜绝这套腐败的作风。这样一来，减轻了百姓的负担，也打消了许多人想捞取实惠的念头，彻底革除了这一不良风气。

他还在《督抚条约》中规定：本官到各县，如果该县原先没有专门招待所，则只安排住在现有府第之内即可，不许为接待而对现有房间进行任何装修改造。甚至屋内的摆设也不许更换。海瑞还特意指出，自己到任何一个地方，都不许界外的州县官员来拜见，这同那些喜欢前呼后拥的官员成了鲜明的对比。对自己的下级，海瑞要求在会面时，不用穿讲究服装。并且，无论到所属的哪个州县，都不许奏乐击鼓，不许张灯结彩，不许铺张浪费。

　　海瑞将过去的一些礼节统统革除。而且，设了专人负责登记离到任官员的情况，何时到任，何时离任，怎样组织迎送都登记得很清楚。就连接待时的住宿、用具、随从、伙食也都有明确的规定，明确要求一切从简，不许铺张，并对每一次接待活动都做记录。过去凡府县有

海瑞墓园一景

海瑞故居已有数百年历史的老井

新到任或离任的上司，都要派人远迎或远送。新来的官员还要被本地的平级下级官员参见，平下级官员还要负责辞别即将离开的官员，这样的礼节很多，极为烦琐，牵扯大家许多时间和精力，浪费了大批财力物力。海瑞宣布，要将此类礼节全部革除，他说，这些礼节只起到了阿谀奉承的作用，与事业与工作毫无益处。

海瑞除了对自己外出时各地的接待标准进行了严格的规定，对上级或外地过往的官员也是从严掌握。不管是什么人，到本地，首先要核对勘合牌标。若是外省来的，如果没有正式的官文，仅仅持有抚按的牌标，则不准接待。虽持有正式勘合，但仅是六品以下的一般官员，同样不予接待，京官自七八品以下的普通工作人员，就更加不予接待了。海瑞信念坚定，从他的手中，绝不"妄兴一勘合，妄发一牌一标，万一有误，驿递官径行裁革。具由请，本官当以礼谢"。海瑞要求，对路过的官员，若没有特殊情况，各府县的主要官员不得出面接待。不仅是不见，各驿站也不许遣人传报，更不许请客送礼。驿站或其他官员所送的礼，其实都是民众的血汗，拿百姓的财物去送人，是一种犯罪，是贿赂行为。因此，海瑞干脆将这种迎送礼节也取消了。遇有重要官员，如京城的三品以上官员，驿站应该及时报告，各府县的主要负责人可以出面会见，并事接待。四品以下官员则不在此列。如遇知己，仅是朋友相见，但不履行官方程序。海瑞要求各个驿站记录每一次接待情况，他"每月每季委官查勘一次，不当者罪坐挂号之官，甚者罪及驿递。盖驿递官原以应付为事，亦有裁革之权"。

为了节约人手，海瑞辞退了过去设置的长期服务人员，规定外来官员不准许额

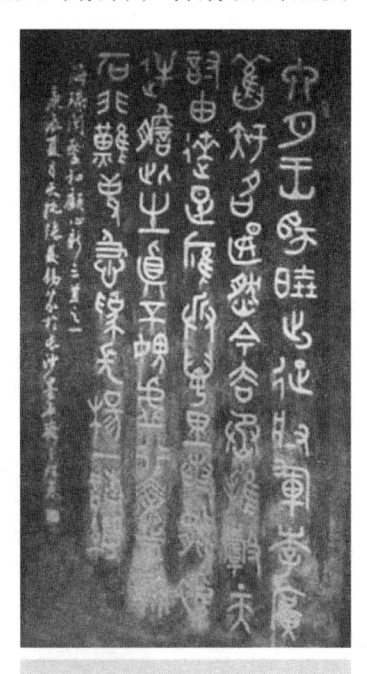

海瑞书法

外要求增派护卫，夜间如需要人手提供服务，则由府内的工作人员担任。就连曾在皇帝下令杀海瑞时上疏为海瑞说话，结果被皇帝重责百杖，几乎丧命，与海瑞可谓生死之交的何以尚到南京出公差，海瑞照样不到城外迎接。到了海瑞的房间住宿，也只被安排在一个角落，其他的接待也是一切从简，何以尚大为不满，甩手而去，再不与海瑞通消息了。海瑞为此大为感慨，但对自己的决定没有丝毫的后悔。

海瑞的节约还体现在公文的写作上。由于当时嘉靖

海瑞寿字碑

皇帝迷恋方术，下令大举建设庙宇道观，为此挥霍了金银无数，经济搞得一团糟，国库几乎被糟蹋一空。这使本来就十分节俭的海瑞更加注意节约每一文钱，甚至对日常公文操作都毫不放松。他规定，写公文要节省纸张，能用薄纸的不用厚纸，包装封册都要规定纸型。即："各官参见手本用价廉草纸，前后不著空，后不留余纸。别事具手本亦然。凡册用稍坚可耐久而价廉纸，不许如前用高价厚纸。申文纸亦然。册用白纸表褙为空，封筒用单纸，内先用一草纸护封防弊，不用表褙纸。凡文册俱指顶大字便览，防洗补。申文供招等项，不许重具书册。"后来有人参劾海瑞，攻击他的理由就是说他不抓大事，只注意细枝末节。

海瑞还在《督抚条约》中规定："今日诸弊，不能尽革，大概在文移过繁。本院一时不能尽言，各官自行酌量，一以简省为主。凡事不必抄写前案许多，紧急者略

海瑞祠一景

节用之，府县所自议。说话一句而尽者止用一句，二三句而尽者用二三句，当用片纸者用片纸，当用长纸者用长纸，止使事情不遗便是。要官自做稿付吏誊，不可尽付吏书，以致烦琐。其有供招，一如刑部例，简切数语，起草付吏誊案。若识机括，事本不劳，不必用吏书行移，用许多说话也。省之省之。事由于官，不由吏书，风清弊绝有日矣。本院喜之不胜，敬之，贤人君子也。以俗套责人，非本院本来面目。各官体之。"就是说，要尽量减少公文的数量，开短会，说短话，行短文。海瑞对文件的要求是，只要能说清问题就行，不需要那么多的套话。一时间，南直隶府内公文的文风大变，工作气氛焕然一新。

之所以要求这样细致，是因为海瑞有丰富的实际工作经验，知道工作运行过程中会出现什么问题。而且当时的各级政府工作人员对于节约、俭政等等，都仅仅停留在嘴上说说而已，不过是一句空话。没有具体内容，没有

海瑞书法

海瑞祠内的碑文

亲自实践。

为了严格执行自己在《督抚条约》中的规定，海瑞宣布："州是民事，由驿站工作人员接待过客，是祖宗定下的制度。后来搞平级接待，要求县府主要官员出面接待，是不正之风。这股风形成已久，县官降格为一个驿丞，知府也成了半个驿丞，与祖宗之要求相去甚远，一有任务，就要同馆出马，让运所出夫，来往官客无数，县府如何作出预算。皇上圣明，法度尚在，本官已决定革去应天府官的小夫银两。将以前日驿递浪费之银，补

原日州县今付驿递之用，斟酌损益，立有长单。自前文到之日，各州必须将原先备出的用于接待过客的银两入库，未征者停征。以后，只许按照所规定的长单进行接待，原先没有设置驿站的州县，将接待银两革去一半。驿递炎凉之弊，本院深知之。有不按所规定的长单进行接待，酸酒腐肉，疲马小夫及中途而逃，本院决不轻贷。若过往官员有凌虐，大家不要害怕，只管先拿下家人送

清风阁与不染池

到府县监治，并停止供应一切物品，尽管来找本官。情急之时，可以击鼓告状。本院知惜民财，知有国法，不知其为京堂、为科道、为部属也。驿递官行之。我辈读书知礼义人，且长单所定，食可悦口，夫足挽舟，生活的基本需求均已满足，还有什么可抱怨的。更没有理由要欺侮驿站工作人员。规定既已明确，各驿站人员也应自觉遵守，不要自作主张，惹是生非。"就是说，任何地方官员发现问题，都可以揭发。必要时，还可以击鼓告状。这样可以防止一些地方官员搞超标准接待甚至行贿受贿。

海瑞书法

在要求节约时，海瑞以身作则，他说："查得本院座船，每府皆有一二只。各院亦然。本院一人之身，焉能坐得许多船只。且水手工食，吾民脂膏。各州县有均徭期迫，不能俟本院议减者，即将本院及各院船水手银革一半不编，止存一半。船上如有别用银，亦革一半存一

海瑞书法

半。已编者文到日追银入库。其本院门内轿夫，除上元县外，各府州派编工食银两尽革不编。凡不编役银逐一开报。"他对工作条件的要求只求实用，不求奢华。当时南直隶所辖各府都为巡抚大人备有专门船只。如今，海瑞又将专用船只取消，院内轿夫也减去近半，所支费用大为减少。海瑞还裁撤了负责政府档案库的人员，凡有上级官员到来，相邻几个县互借服务人员及有关物品，这样就又省下了一大笔费用。

海瑞明白，政府所用的每一文钱，都是百姓的血汗钱，没有理由无度地挥霍。"俸米柴马，各官百用出焉，乃复取之百姓之身"。他始终将百姓放在心上，精打细算，把自己所辖区域治理得井井有条。

海瑞对于民风的管理更是有一套自己的办法。一个时期以来，江南民众中滋事斗殴是现象较为严重，由此得了个"刁民"的坏名声，海瑞说："江南刁风盛行，事诚可恶。第究所以，皆因上失其道使之。"民风不好，其根源在于官员。一些官员根本不把民众的疾苦放在心上，民间大量纠纷事件不去受理，理由是没有接到诉状。原因是很少有百姓识字，更不了解打官司的基本程序，有了矛盾纠纷找不到人解决，只好靠自己的力量，于是，斗殴不断。由于口头诉讼不受理，生成了一些靠替人撰写讼状生活的人，这些中间人乘机将水搅浑，以反复写诉状发财。他们把一些简单的事情搞得十分复杂，唆使一些人将可以通过调解化解的矛盾激化，诉之以官司，

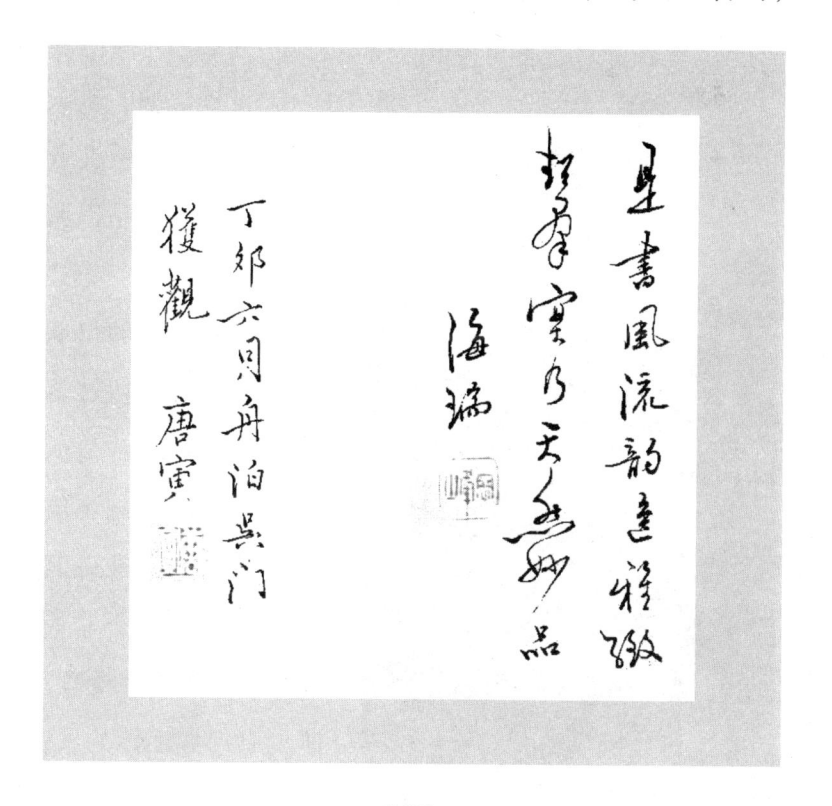

使民风更加败坏。要解决这个问题，官员的作风要改变，诉讼程序要方便百姓，要使普通百姓有条件打官司。于是，海瑞规定，今后口头告状照样受理："今后凡诉讼，口告者登口告印簿，状告者登状告印簿。事当量情者不供，止于状后批其情节存案簿前件下，亲注量情发落字。事当招罪者于状后备细情节名，付吏誊簿前件下注招罪字，不为苛刻，不行。但案卷不遗，心迹明白，即贤有司也。果有化民成俗之方，本院决不责其纸多寡之数。其有登簿不一状不存，一案毁灭，纸赎虽多，刻而且贪人也。虽已离任，必行追究。"

海瑞墓碑，是海瑞墓里唯一保存完好的文物。

"健讼之盛，其根在唆讼之人，然亦起于口告不行，是以唆讼得利。"因此，直接接受普通百姓的口头诉讼，是解决扭转这一混乱的关键，"今后须设口告簿，凡不能亲自书写的人准许其以口陈述，不必非等其写成状诉后才受理。碰到有纠缠不休的人，

海瑞墓园

或者自己亲自密访，或者令里老调查，一旦查实是胡闹，则执律加刑，不给宽恕。"海瑞说，口头诉讼是十分容易做到的事，有了这样的便利条件，那些诉讼中间人就活不下去了。如果我们进一步做到了直究到底，是是非非，都不能隐遁。"清水镜，刑无所逃也。秋霜夏日，气不可狎也。"如此，违法乱纪的人就会减少许多。

　　海瑞认为，只要农民能够安心务农，就可以避免许多是非。他猛烈抨击那种看不起农民的人，他认为，不能因为农民不善言辞，不会拍马奉迎就鄙视农民，不能因为农民太普通太一般就不去关心他们。过去，政府还

常常为农民提供耕牛和种子,尽量满足农民的各种需求,现在这样的风气没有了。海瑞指出,社会要想实现长治久安的目标,就必须高度重视农民。他说:"佃人之田,有田人胜得而贱之,又必知两汉力田孝悌并科之意。隆礼相爱,惟上意向,惟民趋之,一归本业,必返真纯,济一方于黄虞熙皓之世指日矣。舍此而言政事,本院不知其所以为政事也。"

为了纠正民风,海瑞认真兴办教育,在讲学时,他要求教官只讲孔孟。海瑞绝不能容忍教官失道偏义,他说:"府县官侵用里甲及纸赎一分一文,皆是赃犯。儒学拜见节礼,独非赃耶?志士不记在沟壑,为非义

海瑞墓碑文

海瑞故居一角

也。教官俸禄诚薄，用度撙节，足养廉，未至于志士所自弃也。学校礼义相先，反惟利是计，以此介士，何能正士。师道立则善人多，善人多则朝廷正而天下治矣。即此一端，关系不小，全行禁革，府县季考、学月考及三等簿，本院巡历，严加查考。缺一于此，坐以不职。"

在海瑞看来，民风不正还有两个重要的原因，其一是奢侈品的制造。他认为，之所以会出现世风败坏的局面，不是没有办法改变民风，而是一些庸人当政，只当官而不干事。如果每日诵念孔孟之言，遵循古已

有之的办法治理，任何事都是办得到的，"事立而天下治矣"。"簿书狱讼，功在一人。化民易俗，知府为之，功在一府。知县为之，功在一县。万古不可易也"。不同岗位的人负有不同的责任，可以发挥不同的作用。海瑞相信，只要各个岗位的人都尽职尽责，一定能够重振民风。

　　民风不正的另一个重要原因是，有的官员接到百姓的诉状，并不认真审理，也不依法办案，有些人利用诉讼胡搅蛮缠，一些犯了罪的人通过熟人、同事等各种关系为自己开脱，则可以轻易地逃避法律的制裁。海瑞要求："今后各官凡听讼必须直究到底。审之审之，始不怕烦；慎之慎之，终无姑息。子云：'夫人必痛之而后畏，然后君长刑政生焉。'处罚、惩治又不使之感到痛，或者痛却不能使之感到畏惧，则是司法人

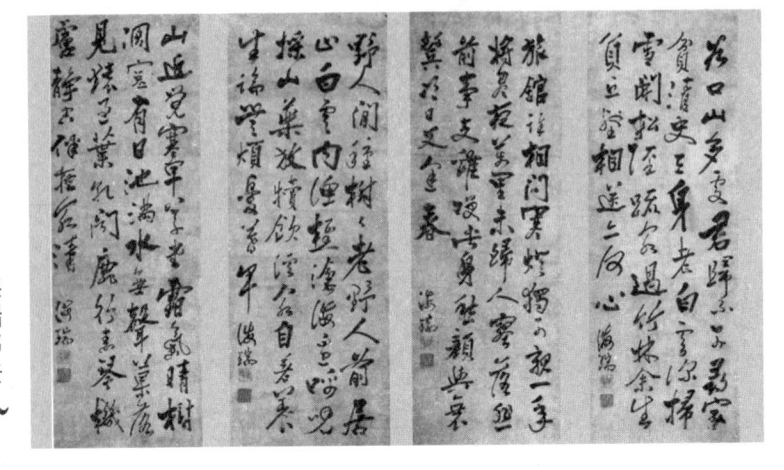

海瑞书法

员的过错。"

在军事的管理方面，海瑞也有着自己独到的见解。他认为，圣人一再教导人们要各守其责，军队理所当然应该搞好自身的训练。军人不练兵，就是不务正业。海瑞在巡视中发现军队相当松懈，于是提出严肃批评："访得江南兵备，废弛为甚。近日巡江察院亦有此奏。自倭寇宁息而来，征募兵员工作从未停止，养兵费用也没有减少。作为军队，其号令当然更加严格，这些法令也没有什么变化。为何近来军队的训练管理竟如此松弛？古人都知道居安思危，况且对我们这里的威胁就在附近，隔海倭寇并没有睡觉！等到倭寇到了跟前再练兵，则无济于事矣。""今后各统兵官，宜日加训练，甲必坚，兵

中华爱国人物故事
ZHONGHUA AIGUO RENWU GUSHI

海瑞墓

必利,士卒期必一可当十,十可当百。本字一闻废弛之言,辄以李光弼调发间精彩百倍自许,各兵将能应本院口耶?本院奉命,知有军法而已。各兵将念之,毋自贻悔。变故不测,生死存亡,本院同之。本院身先士卒,非徒责人不能责己。"海瑞义正辞言,军队士气大振。

要支持军队训练,就要为军队创造良好的外部环境,军队的训练也应有一定的标准。在《督抚条约》中,就有关于军队训练和保证训练的专门要求:"自今以后一归兵营,时加训练,兴军士募兵,一体操演。在州县官照依冬操三歇三余,月操二次。私役一人,本院决不轻贷。本院提督军务,亦惟行军事时然后用之。余又不必言矣。"由于过去一些官员经常调用军人去做一些一般的民用工程，有的甚至调用军人去做自家的私活。海瑞规定，除非是特别紧急的情况，否则不准以任何理由调用士兵去做军务以外的事务。这一规定，地方要无条件服从。

对于军队管理，即使是治安、军事等事务，海瑞同样要求节省，他规定：县府接受百姓的诉状，派人拘捕人犯时，只许派里长执行，不许多用他人。里长平时驻在乡里，负责乡村的治安事务，让他们拘人，可以省时省力。当里长不在时，由原告执县府的批文执行。只在遇上真正大的强盗等事件，才准许用府里的皂隶和其他

海瑞故里

人员。而这样的用度都必须登记在册。在城内治安情况良好时,轻易不能动用皂隶,因为一经运用,就必然发生费用。只有在局势不好控制时,才批准动用皂隶或军队。

海瑞在担任巡抚时,江南的赋税也很混乱,有田的地主往往不纳或少纳税,而地少的农民却要负担很重的赋税。这无疑加重了人民的负担。于是海瑞组织人清查土地,简化赋税制度,减轻百姓负担。

海瑞认为:"欲天下治安,必行井田,不得已而限田,又不得已而均税,尚可存古人遗意。"这是海瑞的一

海瑞像

海公墓 该墓建于明万历十七年（1589年）

贯思想，他在淳安、兴国任县令时，都将重新丈量土地作为一件非常重要的大事来抓，并取得了明显的效果。就任巡抚，他总结过去的经验，狠抓土地丈量，积极地推行"一条鞭"法，取得新的成效。

所谓一条鞭法是明代中期以后在赋役方面的一项重要改革，主要是总括一县的赋役，把他们并为一条，将役银与赋银合并征收的制度。前提是将各家各户所拥有的土地和人口核定清楚，然后根据实际情况确定所应该承担的赋役。赋役由一个部门总管，"凡额办、派办、京

库岁需与存留供给诸费，以及土贡方物，悉并为一条，皆计亩征银，折办于官，故谓之一条鞭"。其内容可归纳为这样几个方面：

一是赋役合并，以丁田分担役银。在一条鞭法中，将原来的两税，里甲、均徭、杂泛，以及土贡方物等合并成了一项。徭役一律征银，取消力役，由政府雇人应役。役银也不像过去那样，根据户、丁来征收，而是由人丁和田地来分担。这样，一是赋役的形式简单化了，

海瑞墓谕祭碑

海瑞墓正门

对各家的实际负担可以更加直观地观察。同时，徭役改为征银，使各家在安排自己的生产活动时有了更多自主权，这无疑对发展生产有利。

二是田赋一概征银。过去，虽然政府对田赋也时有征收"折色银"的，但在这之前，田赋仍以"本色"为主。一条鞭法规定，除苏、淞、杭、嘉、湖继续征收本色粮食，以供皇室官僚等食用外，其余一般征收折色银。过去在征赋时，总要动用大量人力，将各地上缴的粮食集中起来，储存、保管都非常不易。现在除了江浙一带

外，不再征收粮食，节约了大量人力物力。

三是计算赋役数额时，以州县为单位，各州县原有的赋役额不得减少。

四是赋役银由地方官直接征收。过去要交本色粮食，由于数量巨大，交纳和管理都不方便，在收缴时，里长、粮长一起参加工作还忙不过来。改为征银后，这个过程简单多了，因此改由地方官员直接征收，即所谓"丁粮毕输于官"。

海瑞的这些做法，减轻了百姓的负担，但无疑会威胁到地方官员的势力，所以海瑞被地方官员相继参劾。随后，戴凤翔以更以严厉的措辞参劾海瑞，说他但凭一己的冲动随意对百姓的产业做出判决，在他的这些规矩下，佃户不敢向业主交租，借方不敢向贷方还款。

戴凤翔的官职是吏部的吏科"给事中",职位并不很高,但在吏部供职,文采不错,又熟悉专管整理参劾并向皇帝汇报的官员,因此,他所提交的疏折,能够方便地递交给皇帝。又由于他见到的奏疏比较多,知道皇帝重视什么样的奏疏。

戴凤翔在参劾海瑞的奏疏中,历数了海瑞的种种罪状,说海瑞滥受诉讼,无节制地受理民事案件,仅凭自己的主观判断就下结论,致使刁民猖獗。将海瑞扼制贫富过度差距说成是随意侵占农民的田地,使许多农民不敢收回租金等等。海瑞当然不服,他

海刚峰书法

近处为海瑞墓全景

在《被论自陈不职疏》中对戴凤翔的诬蔑进行过逐条反驳:"凤翔不考其初,据今日论,谓民为虎,乡官为肉,不知乡官二十余年为虎,小民二十余年为肉,今日乡官之肉,乃小民原有之肉,先夺之,令还之,原非乡官之肉,况先夺其十百,今偿其一,所偿无几。臣窃恐凤翔居乡,亦是此景乡官也。"海瑞一心为民,但得罪的官员太多,他终于没有躲过四面八方射来的乱箭,最后,还是被皇帝安排退休,结束了近20年的官宦生涯,隆庆四年(1570年)回到老家休养。

海瑞在担任巡抚时,提出了很多治国施政的良策,能够真正做到为民请命。他在任上大刀阔斧地推行自己

北京尚侍公祭海公碑

的政见，应天巡抚任上大有作为，虽然时间短暂，但他的政绩为后人所称颂。

海瑞故居

罢官归田　孤苦无依

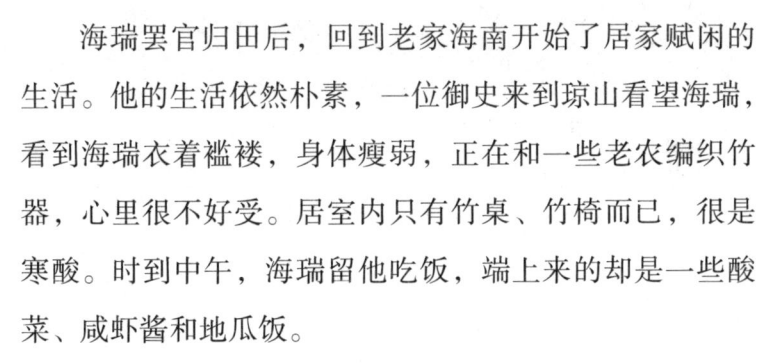

海瑞罢官归田后，回到老家海南开始了居家赋闲的生活。他的生活依然朴素，一位御史来到琼山看望海瑞，看到海瑞衣着褴褛，身体瘦弱，正在和一些老农编织竹器，心里很不好受。居室内只有竹桌、竹椅而已，很是寒酸。时到中午，海瑞留他吃饭，端上来的却是一些酸菜、咸虾酱和地瓜饭。

海瑞每天靠耕作祖传的几亩地和编织些草鞋、竹器出售维持生活。田园生活虽然清贫，但过得很愉快。他常和乡邻谈得日头西下。有些地方官员仰慕海瑞，见他生活艰苦，常送些银两给他，他总是把这些转送给周围贫穷人家。一次，朝廷为了照顾海瑞的生活，派了一名地方官来到海瑞家里看望他，并送他十两银子，海瑞只有粗茶淡饭来招待他，地方官感到饭菜很不合口，但见海瑞吃得津津有味。突然，有两个衣着破烂骨瘦如柴的

海瑞故居扬廉轩

乡人走了进来，二话不说，直接向这地方官员和海瑞称谢。官人不明白是怎么回事，这时海瑞说："这两个老农已经几天没米下锅了，刚才你给我的银子我都送给他们了，说的是你送来的，所以他们就代表大家感谢你来了。"官人听完才醒悟过来。

海瑞生活虽然清贫，遇到乡邻有困难，却总是慷慨相助。罢官居家期间，仍不忘海南民众的疾苦，他给当时的琼州巡道唐敬亭写了一封信，要求他清丈田亩，平均税赋，以减轻民众的负担。唐敬亭接受了他的意见，在全岛清丈田亩。此举受到了全岛民众的欢迎。

这一期间最能给他带来欢乐的，无疑还是教学。有朋友将自己的孩子送来请他点拨，他会异常兴奋。他将乡间的"乡约亭"当成专门讲学的场所，有时从上午讲到下午，又从下午讲到晚上，天黑了，就点上蜡烛继续讲。其情其景，令人感动。

罢官归田以后，海瑞感到遗憾的是，他的家庭生活充满了悲剧色彩。卸职不久，母亲谢氏就因病去世了。海瑞曾先后结过三次婚，又有两个小妾，本该人丁兴旺、儿孙绕膝的他，却屡遭婚姻的失败。他的前两位妻子都因为与婆婆不和而被海瑞休掉了。第三位妻子和一位小

海瑞画像

中华爱国人物故事
ZHONGHUA AIGUO RENWU GUSHI

海瑞祖居

妾为海瑞生了三个儿子，不料先后都因病夭折。古人云，不孝有三，无后为大，这成为海瑞抱憾终生的大事。

海瑞是孝子，自幼受到圣贤之书的影响，严守伦理纲常，他在自己住所的大堂正中，悬挂了"忠孝"两个大字，鞭策自己要恪守孔孟之道。在他的心目中，母亲是第一位的，妻子是第二位的。他到北京做官，母亲说忍受不了北方的寒冷，他毫不犹豫地让妻子陪母亲回老家，自己只带了一个小僮来京。妻子和母亲发生冲突，他从没有想过从中调解，更不会去批评母亲，而是无条件地支持母亲的决定，随意地"休"掉了妻子。海瑞的第三任妻子和小妾于1568年在10天之内先后死去，许多人认为这或许是与海瑞的母亲有关。此事一度被海瑞政敌拿来攻击说海瑞杀妻，海瑞也不得不上表自辩，称妻子是得重病去世。说海瑞杀妻是反对派泼脏水的龌龊手段。种种迹象说明，海瑞的家庭生活无味，缺少温情，更谈不上和睦欢乐。从某种意义上说，海瑞成了传统伦理道德观的牺牲品。

万历皇帝登基，张居正出任首辅。这位文渊阁的首脑和海瑞一样，尊重法纪而对苏淞一带的地主不满，也立志改革和整顿，许多思想与海瑞几乎完全一致。由此，海瑞曾经和张居正做过接触，他卸职回家后特意给张居正写了一封信，要求张居正主持公道，给他一个正确的评价。张居正给他的复信中说："苏淞一带积弊甚重，你能在任巡抚期间大力整顿，矫枉过正。用心虽好，但确

张居正画像

也引起许多非议，人们不理解，因此一时难以接受你的举措。我虽任首辅，却也没有能力一下子平息大家的议论，在此表示十分的抱歉。"这种以委婉的语句阳作同情、阴为责备的修辞方式，正是一些文人所擅长的技巧。有一次张居正的儿子在海瑞的家乡参加科举考试，张居正本想托人照看一下，海瑞听说后立刻给考官送信，告诫他不要造假，果然张居正儿子就没有考上，张居正很生气，于是海瑞在张居正当政期间就一直赋闲在家，没能重新任职。直到1585年，张居正死了，他才被重新起用为南京右都御史。

海瑞画像

再度出山 任上离世

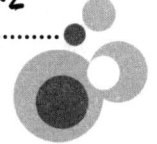

首辅张居正去世后，万历十三年（1585年），海瑞再次出山。万历皇帝任命海瑞为南京都察院右都御史。他坚持认为这是道德上善与恶斗争的结果，自己被重用，是正气得到伸张。自己遭贬黜，则是邪恶占了上风。因此他一如既往地按照自己简单的善恶二元论思想去判断是非决定行止，是善的就支持，是恶的就反对，而无论对方属纷争中的哪一党派，也无论他们与自己是有恩还是有仇，他都公事公办，一视同仁。

按照明朝体制，南京是陪都，虽然也设五府、六部，但不能决定国家大事，是安排一些政治上失势的高级官员的地方。但是，海瑞并没有因为居职清闲，就无所作为。到任南京后，海瑞极力主张恢复祖制重典。他向皇帝递交了一纸奏折，劝谏皇上恢复祖制，极力陈述恢复祖制的必要性，认为世风已坏，不用极端手段无法纠正。

他希望皇帝能从国家长治久安的角度考虑问题,更多地体谅一般百姓的苦难。他说:"愿皇上以茅茨土阶之心,居九重金阙;持智者行所无事之术,御一日万几。见尧舜毋见天子。"意真语切,近乎憨直。皇帝领悟海瑞的忠心,受到了感动,对海瑞的做法给予了支持。

　　海瑞从琼州来到南京时一无所有。不少人趁机给他送礼。但海端认为在朝廷做官和在家不一样,各衙都不应前来送礼,并把已经送来的礼物一一送回,同时发出布告,严禁向新任官员送礼。这样一来就再也没有人敢来送礼了。与此同时,海瑞还明令禁止在京各衙门向百姓摊派物品。他说,这样一个南京城,要百姓负责供给

海瑞墓陈列室

海瑞祖居雕像

朝廷的成百成千官员的物品，百姓不是负担太重了吗。因此，他明确规定，除了原先规定必须供应的之外，一分一文也不许多取，否则严惩不贷。但是，当时明政府官员已十分腐败，贪污成风。海瑞认为要禁止贪污，就要实行朱元璋在位时规定的惩办贪官的严刑峻法。如此一来，就引起了许多朝官的反对。又重新开始参劾海瑞，反诬海瑞是以"清平之世，创闻此不祥之语"。海瑞很是心寒，忠心为朝廷着想，反而没有人赞同他，所以再次决定卸职还家。提学御史房寰，是当时老百姓眼里典型的贪官坏官。房寰看见海瑞雷厉风行地整肃不正之风，感到自己的地位和利益受到威胁，于是先下手为强，到

皇帝那里告状。房寰上书，说海瑞本就是"一介寒士"，却以圣人自居，说海瑞不把皇上放在眼里，请求皇上对其严惩。不过万历皇帝并没有听信官员们参劾海瑞的一面之词，他体念到海瑞的忠诚，抚慰挽留，对于海瑞辞职引退的请示没有批准。海瑞只好继续留任南京。

万历十五年（1587年），七十四岁的海瑞在南京病故，死于任上。临终前三天，兵部送来的柴火费多算了七钱银子，海瑞还让人如数退了回去。由于海瑞没有子嗣，后事都是由他的好友佥都御史王用汲负责料理的，王用汲到海瑞的住所，见堂堂朝廷正二品大员房间里的

万历皇帝

帷帐竟都是布的，而且都已经非常陈旧。清理他的家产时发现，海瑞的遗物除了满满一箱破旧发黄的圣贤书籍和几件破旧衣袍外，只有银子10余两。身上穿的是海瑞最好的衣服，也已经洗得褪了颜色。王用汲看到这些，终于忍不住潸然泪下。王用汲找到众官员共同凑足料理后事所需的费用，又亲自率人为其沐浴更衣，入殓。

海瑞虽不得官心，但深得民心。海瑞当政，不夺百姓一针一线，不随意增加百姓的负担。所以，海瑞出丧这一天，南京的官员和百姓前来参加的很多，当他的灵柩送到江面上时，穿白衣白帽送丧的人群挤满了长江两岸，沿江近百里为之哭泣。皇帝下旨，赐海瑞"忠介"谥号，赠太子少保。肯定了他对嘉靖、隆庆、万历三朝皇帝的赤胆忠心，肯定了他刚直不阿的人格品性。

海瑞去世后，百姓忘不了这位刚直不阿、为民请命的"海青天"。于是，人们采用各种方式纪念他。在他的家乡修建了大庙，专门纪念海瑞。海瑞的一生，是反对贪官、主张节俭，和豪强地主进行了不屈斗争的一生。他为官清廉，所在任内，清丈田亩，改革赋税，兴修水利，所有这些，对发展生产是有积极作用的。他的许多事迹，一直到今天还在民间广泛流传。他刚直不阿的精神和为官清廉、不徇私情的美德为历代人民所称颂。

中华爱国人物故事
ZHONGHUA AIGUO RENWU GUSHI